予約注文、お断りします。
何が獲れるかは、自然が決める

天然食材ハンター
谷田圭太 著

春陽堂書店

はじめに

はじめまして。

「天然食材ハンター」の谷田圭太《たにだけいた》です。

僕が「天然食材ハンター」と呼ばれるようになって約3年が経ちます。

「天然食材ハンター」とは、日本や時には世界の自然の中の生き物を獲ってきて、それを食材として提供する仕事です。

生き物は、動物だったり植物だったり、その時によってさまざまです。

みなさんがご存知の鹿やイノシシはもちろん、孔雀やスッポン、うなぎに、アナグマ、植物ならトリュフなどのキノコや、梅や山椒などの木の実や新芽なども食材として提供しています。

今、世界は食料難になると言われて久しいですが、
僕はそんなことは全然思っていません。
世の中にはこんなに食べられるものがあふれているのに
世界の人たちがそれに目を向けていないだけなのです。

もっと世の中には、知られていない食べ物が沢山ある、
それをみなさんに知って欲しいし、それを食べることは
地球の未来にもつながるのです。

僕がどうして天然食材ハンターになったのか、その経緯とともに
天然食材ハンターとはどういう仕事なのかを
この本を通してお伝えできたらと思います。

contents

PART 2

生き物との関係

PART 1

僕の原点

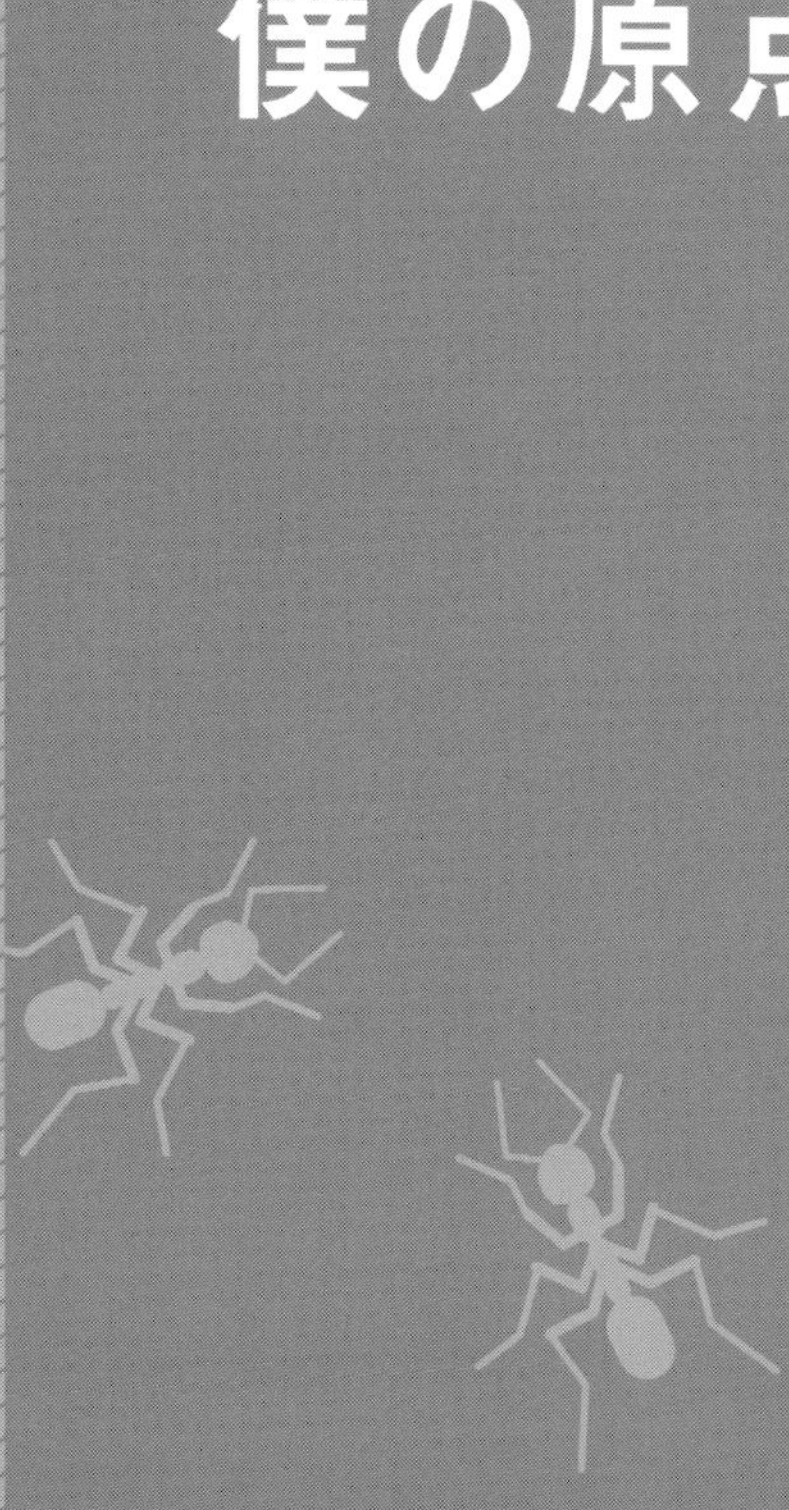

僕と生き物
～引っ越しが続いた幼少時代。内気な僕は、生き物が友達だった

僕は、小さいころからずっと生き物が好きでした。母親が「憑りつかれている」というくらい、自分自身でも、何でこんなに好きなのかわからないくらい、本当に好きだったのを今でも鮮明に思い出せるほどです。

僕の一番古い記憶で、はっきりと覚えているのは、幼稚園の時のことです。ある日、幼稚園のプールにカエルがいました。ずっと見ているうちに、そのカエルを捕まえたくなって、思わずポンとプールに飛び込んだのです。そうしたら、なんとプールには水が入っていなくて、右腕を複雑骨折してしまいました。

今なら大騒ぎになるところですが、幼稚園の先生は笑いながら、僕の母に、「すみ

ませんｰ。圭太君が、水が入ってないプールに突っ込んで、怪我をしてしまったのですけど」と電話をしたそうです。

さすがに、うちの母も、すっ飛んで来ましたが、「水が入ってないプールに飛び込んだんだって?」みたいに笑っていました。

僕は、痛くて痛くてしょうがないのに……。

病院に行き、ギブスを付けて、しばらく生活していましたが、生き物に興味をもつと、他のことが目に入らないところがありました。

子どものころから、引っ越しを何回か繰り返していましたが、小学校のころに、神奈川県の相模原市という町の団地に引っ越しをしました。

その団地の前は山で、そのすぐそばには川が流れていたので、学校から帰ってくると、そのまま山に遊びに行ってクワガタやカブトムシを取ったり、川へ行ったり。夏も冬も、日が暮れるまで遊んでいました。

ただ、学校ではあまり人と話さないタイプでした。今の僕からは想像がつかないと思いますが、コミュニケーション能力がかなり乏しかったので、ほとんど友達がいなかったのです。

友達と呼べるのは、団地の近くに住んでいるヨシコちゃんという女の子と、少し離れたところに住んでいるトオルくんぐらいでした。

学校では僕は、ほとんどしゃべらなかったので、席が隣になった子と、「消しゴム貸してよ」といった会話もなかったと思います。

休み時間、みんなが外で遊んでいても、教室で一人ファーブル昆虫記を読んでいるか、外に出たとしても、一人で校庭の隅で虫を見ているかのどっちかです。小学校には、ビオトープがあったので、その中でずっと生き物を観察したりもしていました。

小学校低学年のころは、いじめという大げさなものではないですが、仲間外れにされていたようなこともありました。ですが、僕は虫さえいれば楽しく過ごせたので、いじめられていることに対しては、何も感じませんでした。

そして、小学校4年で母が離婚をし、母と僕と4歳年下の妹は、東京都の町田市へ引っ越しをしました。

転校先の小学校では、いじめをするような子どももいなく、先生にも恵まれ、学校がすごく好きになりました。友達もできて、毎日楽しく遊んでいました。

このころの思い出といえば、学校へ行く途中に、ヒヨドリの子どもが、巣から落ちて道で鳴いていたのを、先生が学校で飼っていいと言ってくれ、学校に連れていったことです。今だったら禁止されるようなことでしょうが、当時は大丈夫でした。

教室の一番後ろのロッカーにヒヨドリを置いておいて、授業中でも「ピーピーピーピー」と鳴いたら、先生が「圭太君、餌あげて」と声をかけてくれて、僕が餌をあげていました。

授業が終わると、僕が家に連れて帰り、再び学校へ連れて行くというのを繰り返していました。

ところが巣立つ直前、朝、僕が起きたらそのヒヨドリが弱って死にそうになっていました。慌てて動物病院に走っていったのですが、病院はまだやってなくて……、帰ってくる途中で死んでしまいました。

そのまま学校に行きましたが、そんな時も、みんなが僕と一緒に悲しんでくれたり。今思い出しても、本当に気持ちのいい生徒ばかりのクラスでした。

小学校卒業後は、そのまま地元の中学に進学するものとばかり思っていましたが、突然新しいお父さんができ、小学校卒業を機に、再び引っ越しをすることになりました。母は、再婚することも、引っ越しをすることも、卒業式の日まで僕に隠していたのです。

しかも、先生や友達はすでに引っ越しのことを知っていたのです。何も知らない僕が卒業式から帰ってくると、先生や友達がお別れを言いに僕の家まで来て、そこで初めて知った僕は大号泣。泣きながら神奈川県の座間市に引っ越しをしました。

今、考えると、母が再婚のことを僕に言えなかった気持ちもよくわかります。おそらく、僕に事前に言ったら、再婚も引っ越しも嫌だと反対されると思ったからでしょう。町田の小学校に転校してからの僕は、友達もできて、毎日楽しそうにしていたから、余計に引っ越しのことを言えなかったのだと思います。

新しいお父さんには、僕より2歳年上のお兄さんがいました。新しい街で、新しいお父さんと、お兄さん、母、僕、妹の5人家族で、新しい生活がスタートしました。

日々のいじめのなかで
～「万引をしてこい」と言われて、警察に捕まったこともある中学時代

中学1年生で、座間市に引っ越すと、楽しかった中学校生活が一転しました。壮絶ないじめにあったのです。かなりひどいいじめでした。

今だからこそ言えますが、当時は本当に死んでしまおうと考えたことも何度かありました。

転校先の中学校は、地元では荒れていることで有名でした。バイクで校舎の中を走る生徒がいるような学校だったのです。

そして僕は、入学早々からいじめにあいます。その時のことは、僕は、たぶん一生忘れないと思います。

転校生だからというのもあったかもしれませんが、小学校から知っている人が一人

もいない中、人と話したりするのがあまり得意ではなく、好きでもない僕は、少し孤立した存在でした。

中1で知らないやつが来て、愛想もそんなによくない。仲間もいない僕は、絶好のターゲットだったのでしょう。


いじめは、今でも社会問題になっていますが、僕らの時代は、SNSを使った陰湿なものではなく、直接的なものでした。つまり暴力をふるうようないじめです。

両手両足をつかんで上に上げて、一番上でバッと離して、ドンと地面に落とされるとか、そういった体を使ったいじめばかり。

「肩パン」も、当たり前でした。つまり、「肩出せ」と言われて、肩を出すと、バーンと、肩をサンドバッグ代わりに殴るわけです。

他にも、「万引をしてこい」とか、「2階から飛び降りろ」とか、毎日、そんな命令ばかりです。

やりたくなくても、やらなければ暴力をふるわれ、やらざるを得ないような状況まで追い込まれるのです。

僕は、1回、やりたくもない万引をやって、警察に捕まったこともあります。当然、学校に連絡が行きますが、僕の状況を知っても、先生がいじめをなくそうと動いてくれることはありませんでした。

1年から2年になる時に、クラス替えがありましたが、クラスとは関係なくいじめをする集団がいて、いじめは続きました。

学校の先生も見て見ぬ振りです。

暴力だけでなく、言葉のいじめもありましたし、机に落書きをされるといったことは日常茶飯事でした。

物を隠されたり、教科書が破られている、上履きがないといった、ありとあらゆることをされました。

僕だけでなく、他にもいじめられている人が何人かいたので、「おまえら、けんかしろ」と、いじめられている者同士でけんかさせられることもありました。

そんなことで、毎日ケガが絶えませんでした。いじめるやつらは、顔は殴らず、お腹を蹴ったり、肩を殴ったり、見えないところやるのです。火のついたタバコを使って、タバコを腕に押しつけられる、いわゆる根性焼きもありました。

当然、途中で登校拒否になりました。学校に行ってもどうせいじめられてしまう。もう何もかもがどうでもよくなってしまうってことが人生であるんだ、ってことを初めて知りました。

突然、いじめが終わった
～僕をいじめから救ってくれた2人のヒーロー

来る日も来る日もいじめの日々。中学2年生になったころから登校拒否になった僕ですが、親や先生にうながされ、再び2年の2学期くらいから、学校に通うようになりました。

それでも、イジメがなくなったわけではありません。

ところがあることがきっかけで、いじめがなくなりました。

僕の家の向かいに、暴力団員の息子が住んでいました。僕の1歳年上ですが、札つきの超ワルで、暴走族に入っていました。

その人がひょんなことから、僕のことを守ってくれるようになったのです。

きっかけは、再び学校に行き始めたころ、一度その札つきの悪い人を悪い人だと思わずに、自分の家に連れて来たからです。

向かいの家に住んでいたので、僕が、「うちに遊びに来ます?」みたいに軽く声をかけたら、その悪い人とその友達の3人ぐらいが、家に来ました。

うちの母は、悪い子とは知っていたみたいですが、近所の子だし、悪いといっても中学生だし、ということで普通に「お茶でも飲む?」と接してくれたのがよかったのか、僕がイジメにあうと、イジメた相手を、ボコボコにしてくれるようになりました。

それと同じころに、いつものように学校でイジメられてる時に、モリアツシ君という同級生が「おまえたち、なんでそんなくだらないことするんだよ。やめろよ」といじめている子たちを一喝したのです。

まさにスーパーヒーローのように、仲裁に入ってくれ、それもあって中学の最後くらいには、いじめはなくなりました。

いじめを乗り越えられたワケ
～釣りとインラインスケートが、僕に居場所をくれた

中学校時代、壮絶ないじめの日々を乗り切れたのは、学校以外に、自分の居場所を見つけられたからです。

その一つが釣りです。

毎日授業が終わると、そのまま自転車で20～30分こぎ、相模川の磯部の池に釣りに行って遊んでいました。そこに行くことで心のバランスが取れていたのだと思います。

引っ越し先の座間にも、自宅から自転車で20～30分ほど移動すれば、相模川がありました。

町田に住んでいたときのように、そこの川にも僕はよく遊びに行っていました。いつも一人で行っていましたが、行けば、河原には釣り人のおじさんたちがいっぱいいい

たのです。そのうちにおじさんたちが「おまえ、いつも一人で何やってんだよ。魚捕りして」とか「魚捕り好きなのか？」などと話しかけてくれて、「道具、これ使えよ」「一緒に釣るか」などと、かわいがってくれるようになりました。

僕は毎日、そのおじさんたちと一緒に釣りをしていたわけですが、なかでも一番親切にしてくれたのが、フジヤグリルという飲食店を経営している調理師のおじさんでした。

昼間に釣りをして、夜にお店の仕事をしており、僕はその人に釣りを教えてもらったのと同時に、その釣れた物を料理して食べるということも教えてもらいました。自分で釣った魚を食べる喜びみたいなものも、そこで初めて知りました。

僕は、どんどん釣りにのめり込み、仲良くなったおじさんたちも、「海に行くか？」と声をかけてくれ、藤沢の海まで一緒に行ったこともありました。

また、相模原から自転車で2～3時間かかる宮ヶ瀬ダムの奥に、早戸川国際マス釣場というのがありました。

そこは入場料がかかります。うちは共働きだったので、母がお弁当を作る時間がない時は、お昼代を親から500円もらっていました。その500円の中から、100円くらいで売っている食パン一斤や、安くてお腹がいっぱいになるような物を買って、残りの400円を貯めて、休みの日は朝早く家を出て、その釣場に通っていました。

中学時代は、そこに授業料をかなり払ったと思いますが、釣りは、かなりうまくなったと思います。

もう一つ、僕の居場所を作ってくれたのはインラインスケートでした。

川だけでなく、海にも釣りに行こうと思い、江ノ島や鵠沼、時には茅ヶ崎まで、自転車で通うようになりました。

すると、釣りをしているところ、つまり海岸のそばにインラインスケート場があって、そこでインラインスケートをやっている人たちがいて、その中の一人に小林カオルさんという有名なインラインスケーターがいました。

僕は、有名な人だとは知らずに、練習をしているところを見ていました。すると、その小林さんから「インラインスケートやりたいの?」と話しかけられ、思わず「やってみたいです」と答えると、足のサイズを聞かれ、「俺と同じだから、余っているのをあげるよ」とスケート靴をくれたのです。それで僕も、小林さんとその仲間の人たちに入れてもらってインラインスケートの練習を始めました。

それから毎日、インラインスケートの練習をするために、座間から江の島まで放課後自転車で2時間かけて通うようになりました。約24kmの距離です。

ある日、そんな遠くから通っていると知らない仲間の一人に、「自転車で通っているなら、インラインスケートで来ればぃ」と言われ、「それもそうだな」と思い、毎日インラインスケートで通うことにしました。

しばらくして、僕が座間から通っているとわかり、小林さんたちはとても驚きました。でもそれからは、僕が本気だと思ったのか、彼らは、ものすごく真剣に教えてくれるようになりました。

とはいえ僕は、ただ単に、「こんな楽しいことがあるんだ」というだけで通っていたので、通うのが大変だとか、苦しいといったことは、全くこれっぽっちも考えていませんでした。

その小林さんは、当時、有名な炭酸飲料の宣伝に出ていたりするような人で、こうして彼や彼の仲間と一緒に練習をしているうちに、僕も大会にも出られるくらいうまくなりました。

結局、インラインスケートは20代になるまで続け、イベントやテレビに出演したり、その流れで始めたスノーボードでは、トレーニング用品のスポンサーがついたこともありました。

中学卒業後は調理師に
～和食からスタートし、中華、そしてとんかつ屋へ

釣りを通じて調理師という職業に興味を持った僕は、中学卒業後は高校には進学せず、調理師専門学校に進みました。

卒業後は、調理師免許を取り、そのまますぐに熱海の大型ホテルに就職しました。そこに決めたのは、海の近くなので、釣りができるだろうという安易な気持ちもありました。

しかし、調理師という職業は、想像を絶するほど大変でした。特に働きだしたころは、海がすぐそばにあるのに、釣りに行くような時間は、ほとんどありませんでした。

今では考えられないくらい上下関係が厳しく、僕の先輩は、包丁でたたかれて、頭がザクロみたいに割れたこともありました。おそらく包丁の峰でパンとたたくつもりが、刃でパンとたたいてしまったのでしょう。

ただ、僕は大人しく、何でも一生懸命やるので、先輩にはかわいがってもらえていました。

そのホテルで2～3年、和食を担当していました。魚の担当だったので、まさに1日中、魚にまみれてさばいている感じでした。

そのうちに中華料理にも興味がわき、板長さんに「中華料理もやってみたい」と相談をすると、横浜にある聘珍樓を紹介してくれて、僕は池袋のサンシャインにある支店に配属されました。

聘珍樓に転職してすぐは座間から、朝4時過ぎの始発電車で池袋に通い、終電で帰る生活でしたが、途中でさすがに身体が厳しくなり、都内の寮へ引っ越しました。

聘珍楼は、忙しかったものの、居心地のよいお店でしたが、3年間ぐらい勤めたころ、とんかつ料理屋さんをやっている母の友人に、お店の人が足りないから手伝わないかと誘われて、とんかつ屋さんで働くことにしました。

そのとんかつ屋さんも、すごく働くのが面白く、店の人たちも僕のことをかわいがってくれました。
店舗の隣には、小さいマンションがあり、そこの4LDKの部屋を借りてくれ、住まわせてくれました。

最初は、従業員として働かせてもらっていましたが、新しく店舗を増やすので、「圭太、おまえ、ここで店長やれ」と言われ、店長を任せてもらいました。
その店長の仕事も面白く、アルバイトも自分と同い年ぐらいの子たちだったので、お店のそばに借りていた僕の部屋はたまり場となっていきました。

アルバイトの子たちが、学校が終わってバイトに来て働いて、そのまま僕の部屋にきて、一緒にゲームをして遊んだり、そこからビリヤードに出かけたり、まさに青春みたいな時代でした。

小学校中学校時代は、友達があまりできなかったり、いじめられたりしていたので、友人ができて、同い年ぐらいの男の子と遊ぶだけでも楽しかったのです。

そのころはまだインラインスケートもやっていたので、お店の横で、休憩時間に練習をしたり、大会の日は、仕事を休ませてくれたりもしました。仕事とインラインスケートが生活の中心で、釣りに行ったりはしていましたが、以前ほどではなくなっていました。

スノーボードでプロを目指す
〜一度しかない人生。今できること、今しかできないことをやろう

そんなある時、とんかつ屋のパートさんが「圭太君、スノーボード行く?」と、スノーボードに連れて行ってくれました。

インラインスケートをやっていたので、初めから滑ることができたのと、インラインスケートにはないスピード感や視界の開け方に、「これは本当に面白い」と、初日からとりこになってしまいました。

突然、目の前にスノーボードという魅力的なスポーツが現れて、もっと練習したい! そして、プロを目指したい! と思うようになっていきました。

当時は、スノーボードがまだ日本に入ってきたばかりで、プロ選手などもいない世界。インラインスケートでも、かなりのレベルのところにいけていたので、まだプロなどもいないスノーボードならもしかしてプロになれるかも……、と今思えば甘い考

えですが、当時はそんな期待もありました。

でも、仕事があるし……と悩んでいると、とんかつ屋さんのパートさんに、「圭太君、一度しかない人生だよ。今できること、今しかできないことってあると思うよ」と言われたのです。確かにその通りです。それで、一大決心をして、とんかつ屋を辞めることにしました。

そして、そのパートさんから群馬の標高1300メートルにあるペンションを紹介されて、そこで働きながらスノーボードの練習をすることにしました。

最初、「すぐにうまくなるだろう」と思って舐めていたのもあったのか、練習し始めるとけがの連続でした。

肩鎖関節という肩の腱を、両方とも切る大けがもしました。今でも、その腱はくっついていません。

他にも鎖骨骨折、手首骨折、足首骨折などあちこちを骨折しました。スノーボードは、インラインスケートよりも飛べる高さや距離が半端なく大きく、時速90キロぐらいまでは出せるので、けがをすると骨折など大きなけがになることも多いのです。着地に失敗して頭から落ちることもありました。

冬はペンションで働いて、夏は、その貯めたお金でニュージーランドに行って練習するという生活を7~8年続けていました。気が付いたら、20代も後半です。

英語は話せませんでしたが、不自由はしませんでした。ヒッチハイクでゲレンデまで行ったり、地元の人と友達になって、その人の家に行って遊んだり。

しかしこのころには、自分の実力がこれ以上にはならないと、半ばスノーボードに対しては諦めの境地というか、自分で自分に壁を作ってしまっていました。

スノーボードを始めたころは、そのスピード感や飛んだ時の高さなどに対する恐怖感も魅力の一つでしたが、結局、その恐怖感が勝ってきてしまい、うまく滑れなくなることも多くなっていました。そして次第にプロの世界は無理だと諦めるようになっていました。

とはいえ、完全に諦めきれるわけでもなく、ペンションで働きながらスノーボードをして、ニュージーランドに行って釣りをしたり、夏は尾瀬の山登りガイドをしたり、という生活をしていました。

調理師の資格を持っていたので、仕事を辞めても、飲食の仕事はいくらでもあるという安心感もあったからできたことだと思います。将来に対する不安も一切ありませんでした。

右目失明の危機

～ニュージーランドで、朝起きたら突然片目が見えなくなっていた

こうして、日本とニュージーランドを行き来、という生活をしている時のことです。ニュージーランドで、朝、目が痛いと思って目が覚めたら、右目が見えなくなっていました。

これは後からわかったことですが、じつは、その前日、練習中に目に氷の塊が当ったのです。それが原因でウイルスが入り、炎症を起こしたらしいのです。

とにかく朝、目は開くのに真っ白で何も見えないのです。鏡で見ると、目に大きな水膨れが出来ていました。

周りの人たちに、「絶対に病院に行ったほうがいい」と言われ、ダニーデンホスピタルという、車で8時間ぐらいかかる大病院に連れていってもらい、すぐ入院することになりました。

機械に顔を乗せて固定し、目に瞳孔を開かせる薬を点滴で入れながら、全身麻酔で手術をしました。

手術が終わり、目が覚めると、麻酔が強すぎたのか体がけいれんしていたので、ナースコールで看護師さんを呼び、「シェイキング（震える）、コールド（寒い）」と伝えるのですが、うまく伝わらず、再び、意識を失ってしまいました。

そして、次の朝起きると、僕のベッドの周りに、ぐるりと病院の先生たちが囲んでいました。通訳の人もいて、コンコンと、ひざ下をたたきながら、「感じる？」「Is it OK ?」といった診察を一通り終えると、病室から先生たちは出ていきました。

病室に、その通訳のおばさんが一人残り、バーコードを僕の腕に付けると、「あなたの保険は、一番いい保険なので、トイレ付の個室で、通訳も付けられるし、病院で何を買っても全部保険で下ります」と言われました。

ただ、「できる限りの処置として手術はしましたが、右目は失明してしまうかもしれません」とも言われました。

普通ならそこで失望するのかもしれませんが、僕は失望よりも、「もういいや、それならそれで楽しんでやれ」と思い、「ニュージーランドの病院を満喫してやろう」と、食堂に行って、片っ端からバーコードで好きなものを好きなだけ買って山盛り食べて、検診の時間以外は、外にも出られたので、街を散策したりしていました。

そして1週間後、今度は表面の膜を取る手術をしました。よくなるかどうかはわからないと言われたのですが、目を開けた時に、「お！　見える！」と、見えたときはさすがに嬉しかったのを今でも覚えています。

ただ、左目が1．5で、右目は0．07です。ちょっと歩くと、ふらふらして気持ち悪くなり、その時に、「ああ、もうスノーボードはできない」と、完全にプロになるのは諦めました。視力は、日本に帰って来てから後遺障害保険で病院に通ううちに回復し、1．0まで戻りました。

交通事故で借金生活
～正面衝突の大事故で無傷だったものの、800万円の借金

無事手術を終えて日本に帰国したのが、28、29歳ぐらいの時でした。しばらくは片目が見えない状態で通院をし、自宅療養をしていましたが、当時付き合っていた彼女が山形県にいたので、そこで暮らすことにしました。

そして、米沢市にある精肉店に就職しました。その精肉店は、スノーボードの選手がオーナーをしていた関係もあって、紹介をしてもらったのです。

交通事故が起きたのは、冬が終わり、そろそろ春になるという、道路が凍っていないぐらいの時期でした。

彼女を助手席に乗せて運転をしていると、前をトラックが走っていました。そして、そのトラックのタイヤのガード部分から白い塊がボロッと落ちたのです。

僕は雪の塊だなと思って、そのままドンと車で踏んだら、雪ではなく氷の塊で、僕が運転していた車が、パーンと跳ね上がって、反対車線まで飛び出しました。すると、反対車線の前方から4トントラックが来ていて、ドーンと正面衝突をしたのです。

4トントラックの運転手の人が「うわあ」っとハンドルを切るのが見えた瞬間には、もう僕の車が4トントラックとぶつかっていて、エアバッグが開き、気が付いたら横のガードレールにドーンとぶつかっていました。

トラックのほうは、運転手さんがハンドルを左に切り、横転して田んぼに落っこちました。

僕が運転していた車は軽自動車だったのですが、最初に正面衝突をした時に、運転席から前だけを持っていかれ、その後、トラックの荷台で後部座席をつぶされて、運転席と助手席だけが奇跡的に残っていた状態でした。

意識が戻ると、車は煙が出ており、助手席の彼女は意識を失っていました。すぐにトラックの運転手さんが来て、「大丈夫かぁ?」と、彼女を車から降ろし、僕も「大丈夫です」と車から降りました。僕も彼女も奇跡的にけがをしていませんでした。

すでに、登り車線も下り車線も大渋滞になっており、誰かが救急車を呼んでくれたらしく、僕も彼女も救急車に乗せられました。救急隊員さんに、「あの軽自動車に乗っていたのは誰?」と聞かれて、「僕です」と答えると、「あの軽自動車だよ?」と念を押され、「だから、僕です。2人で乗っていたんです」と答えました。

「本当にあの軽自動車に乗っていたのが君たち?」と、もう1回救急隊員さんに聞かれるほど、僕も彼女も怪我をしていませんでした。

体にシートベルトの青あざがくっきり残っていましたが、それ以外のケガは一切なかったのです。彼女も無傷。幸い4トントラックを運転していた運転手さんもケガがありませんでした。

しかし、そこでとんでもない借金を背負ってしまったのです。運転していた軽自動車は、僕の車ではなくて、彼女の車だったのと、その車で入っていた保険は、彼女しか使えない保険だったので、起こした事故に対する保険は1銭も下りなかったのです。

病院代や車代はもちろん、倒れたトラックの荷物、レッカー移動した駐車場の料金などを含めて、背負った借金はトータルで800万円ほどになりました。

もちろん命が助かって何よりなのはもちろんでしたが、その借金を返す生活が始まりました。釣りをするなどという悠長なことは言っていられません。

母の再婚相手は、再婚後にリフォームの会社を起業していたので、山形県から神奈川県に戻り、その義父の会社で働かせてもらい、しばらくは給料を全部借金返済にあて、その後の焼き鳥屋での移動販売などとあわせて、4年で借金を返済しました。

焼き鳥屋で再スタート
～心機一転のはずが、販売車が爆発。死ぬか生きるかの大やけど

借金返済の日々を送る中、ある日、焼き鳥屋さんの移動販売の求人広告が目につきました。そこには「売れれば売れるほどお金を稼げる」とあったので、すぐに飛びつきました。調理師免許ももっているし、結構いけるのではないかと思ったのです。

この移動販売の焼き鳥屋さんは、スーパーの駐車場などに車を横付けさせてもらって、お客さんと話をしながら対面販売で焼き鳥を売るというものです。始めて数か月で、仕事にも慣れると、売り上げもけっこう立つようになったのですが、会社からの払いが悪いのです。

当時は知りませんでしたが、こういう業界の元締めの多くは、暴力団まがいの人たちです。ただ、当時の僕はそんなことに気が付いておらず「払ってもらえないんだったら、人より売ってその分をもらえばいい」と、一生懸命でした。

ある時、「車を修理するので代車で行ってくれ」と言われ、代車でスーパーに行き、店頭で火をつけて準備をしていました。

「あれ？　なんか火が弱いな」と思うと、「シュー」という音がしていました。ふとのぞくと、オレンジ色のホースをとめる金具が付いていなく、ガスのボンベから僕に向かって、シューと風のようにガスがもれていました。

「うわ！」と思って、締めようと手を伸ばした瞬間、ボンベからもれていたガスに引火し爆発、まるでコント番組のように吹き飛ばされました。

一瞬気絶していたような気もしますが、目が覚めて起き上がると、車が燃えていました。後からわかったのですが、僕の頭はチリチリで、顔はもちろん、鼻の中も、口の中も、気管もひどいやけどをしていました。

しかし、ガスを吸っていたせいか、痛くもかゆくもないのです。とにかく「火事だ、やばい」と思い、慌てて正面の宝くじ売り場のおばさんに、「火事だから消防車呼んでもらっていいですか」と言いました。

自分は、そんなひどいやけどをしているとは思っていなかったのです。

数分後、消防士の人が来ると、まず燃えている車のほうに行く前に、僕のほうにきて、「服を破るからね」と言われて、バッと破いて、すぐ担架に乗せられ、僕は、「え？　俺？」みたいな感じでした。

顔もただれて、服には火がついているのに、自分では熱くも痛くもなく、全然、自分の状況がわかっていなかったようです。

ところが、車に乗った途端に熱くて暴れるぐらいの痛さで、救急隊員に毛布で押さえられて、横浜市内のやけど専門の病棟がある病院に搬送されました。

両親が来ると、「今から48時間以内に気道が腫れて息が吸えなくなるかもしれません」と、念書も書かされたようです。

腕は完全にただれており、足もやけどをしていましたが、それでも僕は、なるようになると、楽天的な部分がありました。

病院に搬送されて、少し落ち着いてから、自分がどんなふうになっているのかなと思って、携帯電話で自分を写してみました。その、ただれた皮膚に驚きました。

そして、顔の皮を全部剥げば、きれいに治るかもしれないと言われ、全部はいだのですが、それが地獄のように痛いのです。皮膚をはいだあと、皮膚の代わりになるシートみたいなのものをペタペタと顔に貼って過ごすのですが、猛烈な痛みです。

病室が空いていなかったのか、子どもが多い病棟に移ったのですが、子どもたちが僕の顔を見ると、「うわっ」と目をそらすほど、ひどい状態でした。

結局、新しい肌が出てきて、あんな大やけどでただれたようにはわからないほどになりましたが、今でも笑うと皮膚がつれたり、お酒を飲むと腕に唐松模様のように、赤く焼けたところが浮き出てきます。

当然、その会社は辞めて、家でしばらく養生をしました。

山形県での交通事故に始まって、この移動販売車での事故と、今振り返ると、この

30歳前後の数年間は、僕のこれまでの中でも一番ついていない時期だったかもしれません。

でも、不思議と自分の中では悲壮感はなく、なるようになるさ、という感じでした。

しばらくして働けるようになり、仕事を探していると、小田急線の相模原駅に新しく駅ビルができて、地鶏屋という焼き鳥屋さんが店長を募集していました。

ちょうど移動販売の焼き鳥屋で、焼き鳥を焼く技術も身に付いたことだし、ちょうどいいと思い、その会社の面接に行くと、人が見つからなくて困っていたらしく即決でした。

しかし、その時、僕は爆発の後のちりちりの髪の毛に、やけどの痕も顔に少し残っていたので、いい加減なやつに見えたようです。売上がとてもよいという銀座店の店長さんが、「こんなやつが来てもどうせ辞めるだろう、どうせ売れないよ」と、ボソッと言ったのが自分の耳に入ったのです。

そこで、「ちくしょう。今に見てろ！」と思い、必死になって働き、4年で、その会社の三十何店舗ある全店の中で、自分の店を一番の売上にしました。

どうしてそんなことができたのか、その秘密はあとでお話しますが、当時店長会議で、銀座店の店長の前で「最初に、どうせ売れないだろうという言葉を聞いて、それをバネにしてこれだけ頑張ってこれました」と言えたときのすがすがしい気持ちは今でも忘れられません。

北海道で漁師になる
～蟹工船に乗って、自然を舐めてはいけないことを教わった

焼き鳥屋さんで店長として働いていた僕は、気が付けば30代後半になっていました。もちろん焼き鳥屋さんの店長の仕事も楽しかったのです。そのころになると、休みの日には、また釣りに行ったり、生き物と接する生活を再びしていました。

その後、六本木の炉端焼きのお店や、知り合いのラーメン屋さんなど、職をいくつか変えていく中で、昔から抱いていた「漁師になりたい」という夢がどんどん大きくなっていきました。友人から、北海道の礼文島で漁師を募集していることを教えてもらったのもあって、ラーメン屋さんを辞め、礼文島に引っ越しをして漁師になることにしたのです。

もともと生き物は大好きです。釣りなど、生き物を捕まえることも大好きです。そ

の延長として、漁師は人生で1回はやってみないと気が済まないと思っていました。そして、「漁師になるなら、絶対に北海道がいい」とも思っていたのです。

40歳が目前に迫っていた僕は、今、仕事を変えなければ、一生漁師はできないと思いました。借金を返し終わったばかりでお金もなかったので、収入のよい仕事につきたいというのもありました。

そして、38歳の時、ちょうど友達が礼文島にいたこともあり、礼文島に引っ越したのです。

礼文島ではウニやアワビの漁の手伝いをしました。漁師さんが獲ったアワビをむいたり、昆布を上げるのを手伝ったり、その昆布を干すといったことをしていました。そして夜は、調理師免許の資格を活かして、地元の居酒屋さんで調理の仕事をしていました。

漁師と居酒屋のダブルワークでしたが、東京の人があくせく働くよりも時間に余裕をもった生活ができました。仕事が終われば、釣り三昧。自分にとっては理想の暮らしでした。

礼文島には魚屋さんが1軒もありません。お肉屋さんもありません。洋服屋さんもありません。コンビニが1軒あるくらいです。

しかし、そんな中でも、今はインターネットで買い物ができるので、何不自由のない暮らしができました。

島には飲食店が3～4軒しかないので、アルバイト先の居酒屋さんでは、いろいろな人との出会いがありました。

居酒屋のクリスマスのイベントで、鶏の丸焼きを出したことがありました。その時、「これを、どうやってさばけばいいんですか？」と聞いてきたのが、今の妻です。

交際が始まり、いざ結婚しようとなった時、ある程度収入がないといけないと思い、漁師でも、もう少し給料のいいところに移動しようと、蟹工船に乗りました。

しかし、これがまた今までのなかで一番きつい仕事でした。

蟹工船は、世界で一番過酷な仕事と言われるくらい大変です。というのは、そもそも蟹の解禁期間が短いため、少しでも多くの蟹を取るために、冬の間に不眠不休で蟹を獲り続けるからです。

厳冬の海で、小さい船は高波がくると大きく揺れ、転覆事故は毎年のように起きていました。そして、他の漁と大きく違うのは、船に水しぶきがかかると、一瞬に凍りつくので、船体についた氷を木づちで割って取り続けないといけないことです。

そして甲板の板もよく高波ではがれるので、それを修理しながら漁場に向かいます。

漁場に着くと、しかけておいた網カゴを揚げ、傷が付かないよう蟹をはずし、それをサイズわけして爪をカバーし、出荷わけをします。それが終わると再び網カゴを揚げ、同じ作業をひたすら繰り返します。一つの網を揚げる間隔がどんなに長くても、休憩は10分程度。それが延々と続くのです。

極寒の中、手の使い過ぎで、ほとんどの人が、手根管症候群という病気になります。

手がドラえもんのようにバンバンに腫れて、夜中に痛くて眠れないほどでした。それでも給料はよかったので、3カ月、我慢をして蟹工船に乗っていました。でも、本当に限界でした。

たまの休みに、ちょうど港に会いに来ていた嫁さんに、「ごめんなさい、もう無理です。船に戻りたくないです」と言って、そのまま蟹工船の仕事に戻ることはなく辞めてしまいました。

結局、北海道での漁師生活は2年ほどで辞めました。

10代とか、もっと若い時からやっていたら天職だったかもしれません。しかし、40歳前から漁師になり、そこから漁の要領をつかもうというのは並大抵ではありません。北海道の冬の海は、降ってくる雪の量も半端なく、見渡す限り真っ白です。でもそんな何も見えない状態でも、漁師たちは船を出します。そんな海を眺めていると、「自然を舐めんなよ、おまえ」と、大自然の荒波から言われている感じがしました。

これまで、たいていの苦労は苦労と思わずにやってきた自分ですが、この北海道の2年間で、本当に限界を感じ、打ちのめされました。
北海道で漁師として生計を立てていくつもりでしたが、漁師は諦め、無職になってしまいました。

こんなふうに、40歳になるまでに、いろいろなことが起きた半生を送ってきましたが、無職になってしまった僕が、なぜ「天然食材ハンター」という仕事につくことになったのか。その前に、次章では「天然食材ハンター」の基礎となった僕と生き物との関係についてお伝えしたいと思います。

PART

2

生き物との関係

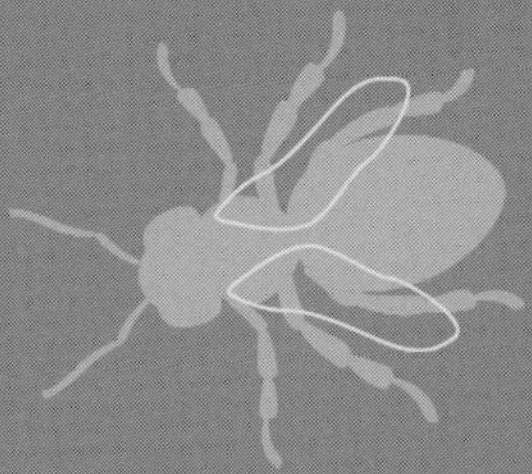

昆虫に夢中

～気が付いたら生き物好きに。カマキリ、毛虫、ゴキブリ……何でも観察

僕が生き物の中で、最初に夢中になったのは昆虫です。

アゲハチョウの幼虫、カマキリ、蜂など、気付いたら、自分の身の周りにいた虫を観察していました。

小さい子どもは、「これ何？　これ何？」と、電車や花など、いろんなものに興味を持つと思いますが、それが僕の場合は昆虫でした。

別にそれが身近なアリであろうが、毛虫であろうか、何であろうが関係ないのです。生きていても、死んでいても、「これ何だろう」と、じっと観察していました。

それは、動物だけでなく、植物に対しても同じ気持ちでした。

「この花は何なんだろう」「この木は何だろう」「何でこの虫はこの木にくっ付くん

だろう」などと植物もよく見ていました。空や雲など、自然も大好きでした。

親には、「少しの時間でも、外に遊びに行きたいという子だった」と言われました。公園でしばらく遊んで「家に帰ろう」と親が言っても、「イヤだー」と泣き叫ぶタイプだったそうです。

例えば、団地の壁などに、袋みたいなものが付いているのをご存知の方もいるかもしれません、あれはジグモという布の袋みたいなものに入ったクモなのです。その袋は、壁から地面の中の奥深くまでつながっています。そしてその地面の袋の底には、赤っぽいような紫色っぽいような、タランチュラのような形の、牙をもったごついクモが1匹入っています。

この地上の袋を虫などが触ると、このクモは地中から上がってきて、その牙で餌を捕まえるのです。

この袋を壁からはがしてすーっと引き抜くと、袋が切れなければクモを捕まえることができます。そういうことをしては遊んでいました。

このジグモに関して言えば、こういったクモの生態は、別に、誰かから教わったり、本で読んだわけではありません。じーっとジグモを観察していたからこそ、気が付いたり、学んだりしたことなのです。

他にも、乾燥した土のところにあるアリジゴクの中に虫を入れて遊んだり、柑橘系の植物にアゲハチョウが卵を産んだのを、幼虫から孵るのを毎日見に行ったり。カメムシ、タマムシ、コガネムシ、カナブン、クワガタ、カブトムシ、コオロギなど、ありとあらゆる虫を観察していました。

今思えば、小学校4年生ごろの時に、山でクワガタを探している時に、トリュフも見つけました。クワガタを探すために、木の根元を掘るのですが、黒い丸い玉が出てきて、「なんだろう」と思いながらも、当時はトリュフの存在を知らなかったので、投げて遊んでいました。今思えば、あれはトリュフだったと思います。

とにかく、虫なら何でも好きで、クワガタを獲りに行くと、樹液が出てるところにゴキブリも集まっているので、ゴキブリも観察していました。

蜂が大好き
～恐怖心を与えるからこそ、怖いもの見たさで、興味がわいてくる

虫なら何でも興味がありましたが、僕が小さいころ、特に好きだったのは蜂です。なぜなら、蜂は強いからです。

当たり前ですが、蜂に刺されると痛いです。

蜂にちょっかいを出すということは、刺されたらどうしようという恐怖心と裏腹なのですが、それでも好奇心が勝ってしまいます。もちろん怖いもの見たさもあって、何度も、蜂の巣を壊しました。もちろんそのたびに、体中を蜂に刺されたのは言うまでもありません。

僕が小学校のころ住んでいた団地の外壁には、よく蜂の巣ができる場所がありました。それを棒で外したり、パチンコで小石を巣に当てたりもしていました。当然、蜂の巣が落ちると、蜂が逃げまどって大騒ぎです。

今だったら大問題になるようなことですが、僕が子どものころは、周囲の大人も「また悪さをして」ぐらいの反応でした。

小学校の登下校の途中にも、桑の木があり、スズメバチにそっくりな形や色をしたカミキリムシの一種がいました。

明らかに危なそうな感じがするのに、刺しもしない。鳥などの敵から自分の身を守るために蜂の擬態をしているわけです。そういった虫のことも、いつも「面白いなぁ」と思いながら見ていました。

こういったカミキリムシは、種類も多く、黒地に白い斑点のゴマダラカミキリ、水色に黒い斑点がきれいなルリボシカミキリ、パンダカミキリともいわれる外来種のラミーカミキリなど、さまざまカミキリムシを観察していました。

他には、昆虫が餌を捕まえるのを観察するのも好きでした。

カマキリは、餌を捕まえる時、風に合わせてずっと動きながら、今だというときまで待っています。そして、ここぞというタイミングで、バン！　と、自分の餌となる虫を捕まえたりします。

トンボなどは、蚊や蛾など、自分より小さい虫を餌として捕るのですが、飛んでいて、自分の視界に蚊がいたことに気が付いたら、自分がその蚊を追い越して飛んで行ってしまっても、獲物に向かって急旋回をしてきてその虫を捕まえたりします。ぐるっと回ることをトンボ返りといいますが、まさにトンボ返りだなと思って観察をしていました。

トンボは自由自在に動けるだけでなく、ホバリングもできます。トンボの目は、たくさんの小さい目の集まりでできているため、片目だけで上を見ることもできるので、その目で餌を見つけると、急にパンと上がって餌を捕り、ぐるっと回って戻り、ピタっと止まることができます。

どんな羽をしているのだろう？　とか、どうしてこのトンボたちは飛んでいられるのだろう？　体が軽いからなのかな？　といったことを考えながら、生き物を観察していました。

とにかく捕まえたい!

~簡単に捕まえられるものはつまらない。難易度が上がるほど興奮する

幼稚園に通っている時は、じっと虫を観察するだけでしたが、そのうち、観察だけには飽き足らず、僕は、どんどん「捕まえたい!」という衝動に突き動かされるようになりました。

それは、虫=カッコいいという憧れも強かったのだと思います。

小さい子がなんとかレンジャーやライダーものをテレビなどで見て、「強い! かっこいい!」と思うように、僕は、そういった気持ちを昆虫や生き物に対して思っていました。

「生き物が好き」というのは、誰かに植えつけられたわけでもなく、もう、僕自身が持って生まれた性質なんだと思います。

例えば、蛇も、僕にとってはすごく面白い存在でした。「こんなに動きが速くて強くて、しかも毒もある！　そして蛇はどうしてこんな色をしているのだろう」といつも不思議に思っていました。

しかも、同じ種類の蛇であっても、個体によって色も全部違います。

カブトムシ、クワガタ、ムカデなどに対しては「強くて何て格好いいんだろう」と思っていたし、他の生き物に対しても「蝶は、何てきれいなんだろう」とか、「魚は、泳ぐのがどうしてこんなに速いんだろう！」というように、すべての生き物をまるで戦隊もののヒーローのように憧れの気持ちで眺めていました。

そして、子どもが戦隊ヒーローのベルトを欲しがるように、僕も昆虫や魚を捕まえて手に入れたいという気持ちが、どんどん強くなっていきました。

さらに、毒があるものや、触ると危ないものほど捕まえたいという気持ちがありました。そういう生き物のほうがより強くてかっこよくて魅力的に思えたからです。

毒があって、捕まえるのが大変な虫を、どうやって捕まえたらいいのだろうか、どうにかして捕まえてやろうと考えたり、捕まえようとしている時、僕の脳内からは確実にアドレナリンとエンドルフィンが交互に出ていたと思います。

パチンコやスロットで中毒になる人がいますが、まさに僕も同じです。ハンター中毒とでも言いましょうか。獲物を捕まえるときのドキドキ感やワクワク感、興奮状態は、まさに他のものでは得られないものなのです。

捕まえるのが難しいものほど、捕まえた時の喜びや達成感を感じられます。簡単に捕まえられるものを捕まえても、あまり楽しくないのです。

まずは一匹獲れたときの喜びがあり、次にどうやったらもっとたくさん獲れるかを考えます。その場その場の環境に応じて仕かけを考える、この生き物たちと人間の知恵比べが楽しいのです。

ハードルは高ければ高いほど面白いし、乗り越えてやろうと思います。ですから、「ハンター」という仕事はまさに天職だと思います。

授業で好きなのは理科
～運動会のお遊戯の最中でも、虫がいたら追いかけてしまう子だった

学校の授業中でも、虫のことばかり考えていました。
学校で授業を受けてきても、授業のことは、これっぽっちも覚えていないのです。帰宅して、親に、「今日、学校で何やってきたの？」と聞かれても、「あれ、何をやってきたっけ？」という感じでした。

唯一、興味があったのは理科の時間。実験をしたり、顕微鏡でミトコンドリアの観察をしたり、とにかく楽しかったです。
その他の時間は、興味ゼロ。もしそんな授業中に虫が入ってきたら大変です。授業そっちのけで、ずっと、その虫を目で追っていました。

大人になってから母に聞いたことですが、幼稚園や小学校低学年のとき、母は運動

会に来ると、いつも「何も起きないで、何も起きないで」と祈っていたそうです。
というのは、例えばお遊戯で、みんなが同じ動きをするというときに、何か虫がぶわーっと飛んでくると、僕はピタっとお遊戯をやめて、その虫に夢中になって追いかけてどこかへ行ってしまう子どもだったからだそうです。

小学校の時、理科の授業で標本作りを体験したりもしましたが、どうやら僕は止まっている虫よりも、動いている虫のほうに興味があったようです。同じ虫ではありますが。虫を捕まえて、ピンに刺してコレクションしようとは、あまり思いませんでした。それは今でも変わりません。

小学生のころは、生き物を隠れて家に持ち帰る、何てこともしょっちゅうでした。こっそり家にコウモリを持ち帰ってきて、自分の部屋で放したこともあります。コウモリが電気の周りでグルグルグルグル回ってるところを、親がガチャッと開けて、「何でこんなものを連れて来てるの！」と怒られたりもしていました。

天然食材ハンターの集中力

〜獲物を獲るために必要な集中力は、彫金の仕事をしていた祖父譲り

小学生時代、虫を見るのと同じぐらい好きだったのが、おじいちゃんの部屋に遊びに行くことでした。僕が小学生のころ、同じ団地に母方の祖父も住んでいました。祖父は、彫金などで、アクセサリーを作る職人でした。

祖父も虫が好きで、琥珀の中に太古の虫が入っているものを見せてもらったこともあります。

クワガタやサワガニから鋳型を取り、銀のアクセサリーを作ったりもしていました。小学校2年生か3年生のころ、サワガニのペーパーウエイトを作りたいから、「サワガニを獲ってきて」と頼まれたこともありました。

今思えば、現在の仕事に通じる**誰かに頼まれて何かを「獲ってくる」**というのは、祖父にお願いされたこの体験が一番最初のことかもしれません。

祖父にそう頼まれた僕は、「すぐ獲ってこれるよ！」と、喜んで蟹を獲りに行きました。そうして祖父は、そのサワガニでペーパーウエイトを作ったわけですが、その一つを僕にもくれました。今では形見になってしまいましたが、このサワガニのペーパーウエイトは、僕の宝物です。

祖父の作業中、僕は祖父の横に座り、ずーっと飽きずにその作業を見ていました。型を取って、銀を流し込んで、磨くまで、何時間も、祖父はその作業を休みもせず続けていました。そして僕も、その間、トイレにも行かずにずっと見ていました。丸一日作業をするなら、そのすべての工程をじっと祖父の隣で見ていました。

そう考えると、祖父もすごい集中力だったのだと思います。僕は祖父の血を継いだのだろうと、つくづく思います。

僕は、釣りをする時は、釣り糸を垂らしながら、ずっと水面を観察しています。魚が来ると、この子はどうやって餌を獲るんだろうと見ていると、そのうち気付くことがあります。

例えば触覚を動かしながら餌に近付いてきて、その触覚で餌に触れてみて、そして触れていたものを、今度は自分で触れてみて、「これはどうなのかな」と思いながら食べていっているのかなと、観察して、思いを深めていくわけです。

この集中力は、今の仕事にとても生かされています。

観察から捕獲へ
～魚を捕まえてみたい！　という気持ちが生まれ、毎日川に釣りへ

虫の観察をしているうちに、「捕まえたい」という気持ちが芽生え、実際に森や林にクワガタを捕まえに行っているうちに、釣りにも興味をもつようになりました。

初めて釣りに行ったのは、母と父が離婚する前、確か小学校2～3年生のころでした。父に相模川に連れて行ってもらったのが最初でしたが、その時は、釣りよりも他の昆虫や自然に興味があり、釣りという行為自体には、まだあまり魅力を感じていませんでした。

しかし、中学校1年生ぐらいになって、川に遊びに行くようになって、魚を釣っているおじさんたちを見て、「自分も釣りをして、魚を捕まえてみたい」と思うようになったのです。

最初は、横で釣っているのを見ていたのですが、一人、ヘラブナ釣りがすごくうまいおじさんがいて、「すごいなぁ」と思っていました。

その人は、釣りに使う自分で道具も作っていました。万力という、竿を押さえる道具があるのですが、その人は、自分で木を切って、その木から削ってその万力を作っていました。

自分で作った道具でヘラブナを自分で釣るなんてすごい！ と、その人に教わって自分でも作るようになりました。

たしか、最初に自分で釣った魚もフナだったと思います。

その後、鮎釣りにはまるようになりました。

初めは、なぜ大人たちが胸や腰まである長靴を履いてわざわざ川の水に浸かって、1日中釣っているのか不思議でした。しかし、鮎のおいしさがわかってからは、大人たちのように量をたくさん獲ってみたいとも思うようになりました。

この中学校時代は、親戚が、鮎の漁業権を持っていたので、鮎の投網漁もしました。相模川に船で行き、船の前に乗っている人と、後ろに乗っている人でバサッと網を打って、鮎を獲るのが投網漁ですが、獲れるときはたくさん獲れました。

当時は、獲れた鮎を買い取ってくれるようなところもあったので、釣った鮎はそこへ持って行きました。

そのころは学校が終わると、毎日川へ行って釣りをしていました。

晴れの日はもちろんのこと、雨が降っていても、「もしかしたら……」と淡い期待で通っていました。

ある時は、雨で川の水が増えているにもかかわらず、友人と5人で、川の中州で遊んでいました。中州までは砂利を積んで道のようになっており、砂利道の下に大きいマンホールのような蛇腹のパイプを通し、水が流れるようになっていました。

しかし、上流で急に水が増えたため、中洲の両側の砂利の道も流されて、中洲に取り残されてしまいました。

その時は、何の怖さもなく、「中州に取り残されちゃった～」と遊んでいたのですが、向こう岸にいた工事をしていたおじさんが、「これに乗りな～」と優しく声をかけてくれ、ショベルカーを運転して来てくれました。そして、ショベルカーに乗せてもらい、岸に連れて来てもらいました。

僕たちは、ショベルカーに乗せてもらって、とてもうれしかったのですが、岸に着いた後は、「駄目だよ、おまえら、こんなことしちゃ!!　流されたらどうするんだよ！」と、ものすごく怒られました。

もし、おじさんが僕らを中洲で見つけたとき、「おまえら、何やってるんだ！」と怒鳴ってしまっていたら、僕たちが怖くなって動けなくなったり、慌てて川に飛び込んで岸に戻ろうとして流されてしまっていたかもしれません。今、考えると身がすくむ思いです。

子どもに危険なことを教えるのは大人の役目ですが、そのタイミングが大切なんだなと、今開催している、子どもたちと自然の中で遊ぶイベントにも、この時の経験が生きています。

自然の中で感じた死生観
～目の前で亡くなった人や、死体を目にして感じた「命の尊厳」

小学校のときから、山や川、森といった大自然の中で遊ぶことが多かったわけですが、そういった経験の中で、僕の目の前で命を落とした人や、死体も見てきました。

例えば、中学校のときは、遊んでいた川で別のグループの子どもが流されて、救難救助のオレンジ色の服を着た人が助けに行き、子どもは助かったものの、そのオレンジ色の服を着た人が、目の前で沈んでいってしまったこともありました。

他にも、キャンプをしていたら、遠くに止めてある車が燃えていて、「うわ、車から火が出ている！」と見に行ったら、助手席の運転席からゴロンと何かが落っこちてきて、よく見たら、人間の頭だったこともありました。焼身自殺のようでした。

また、焼き鳥屋で働いていた時に、海に釣りに行き、水死体を発見したこともありました。

横浜の大黒ふ頭の大黒大橋では、クロダイという魚がよく釣れるのです。橋の上に座って、横浜ランドマークタワーや観覧車を見ながら釣りができるので、釣り人の間では人気の場所です。

電気浮きという光る浮きを付けて、海面に餌を垂らすとこのクロダイを含めさまざまな魚が釣れます。釣れると、落とし網という網で魚をすくいます。

ある日、僕よりも少し下の高さのところで釣りをしていた人がいて、「すいませーん。ちょっといいですか」と声をかけられました。

僕は、魚がかかったけれども、一人ですくい上げられないのかな？と思って、網をもってその人のところまで行ったのです。

「ちょっと下をのぞいてもらっていいですか」と言われてのぞくと、水の中から人の足の裏がにゅっと出ていました。

最初は、マネキンか何かの足だと思っていたのですが、じっと見ているうちに、なぜか目が離せなくなり、そのうち、影のところからふくらはぎが出てきて、お尻が出てきて、背中が出てきました。

マネキンではなく膨らんだ男の人の死体でした。

「パトカー呼びました?」とその人に聞いたら、「いや、呼んでないです。何かなと思って。これって人ですよね……?」と、二人で確認をし合い、その人がパトカーを呼びました。

僕は、その時、釣った魚を全部バケツの中で生かしていたのですが、すべて逃がしてしまいました。やはり気持ちのいいものではありません。

すぐにパトカーが何台も来て、さらに海上保安庁の人も来て、その死体をサーチライトで探して、船の上に引き上げました。

すると、けっこう腐敗が始まっている状態でしたが、引き上げた死体は、船の上で動いているように見えるのです。というのは、死体のいろいろなところから、いろいろな生き物がその死体に入っていて中で動いているからなのです。

そういった人間の死を何度か見ていくうちに、命のはかなさ、そして尊さを小さいころから強く感じるようになっていきました。

僕は、今「天然食材ハンター」という、結果的には食べるため、殺すために生き物を獲るという仕事をしていますが、「命」に向き合っているからこそ、「命」に対する尊厳をもたないといけないといつも感じています。

僕が子どものころに観察して印象的だった「命」は、ハサミムシという昆虫です。

このハサミムシは卵を産むと、母親は卵が孵るまでずっと一緒にいます。

しかし、子どもは孵ると一番最初に、この母親を食べるのです。母は我が子の誕生を見届けながら、自らが子どもの餌となるわけです。

こういうのを観察していると、本当に生き物の持っている生きるための力のすごさを感じるとともに、生き物の尊さを感じずにはいられませんでした。

愛おしい獲物

～簡単に捕まえるのはただの弱いものいじめ。リリースをすることも

縁日で、昔はよく金魚すくいがありました。あの金魚すくいは、金魚をすくうポイと呼ばれる紙を貼った網が破けてしまうから面白いわけです。

もし、金魚のたくさん入ったビニールプールに、「バケツを入れて金魚をすくってください」と言われても、誰も面白くありません。

僕にとって、獲物を獲るというのは、もちろん獲物を捕まえたいという気持ちもありますが、それ以上に、捕まえようと思って捕まえるまでがワクワクして楽しいのです。バケツで金魚をすくっても、やりがいがないし、まるで弱い者いじめをしているみたいです。

それよりも、すぐ破れてしまうようなポイのほうが面白いし、さらに手で捕まえた

ら、もっと面白い。難易度が上げるほうが楽しいのです。

そうやって捕まえたものは、すごく大切で愛おしく感じます。

例えば、目の前に魚がいて、今、これを捕まえたい、食べてみたいと思って、一生懸命獲ったとしても、獲れた瞬間にあまりにも愛おしすぎて、ホイッとリリースしたくなるときもあります。


僕が小さいころ、鮎などを捕まえた時には、「何てきれいなんだろう」「何で黄色い星のようなものがあるんだろう」と、一通り鮎を観察すると、逃がしてやろうと思って、逃がしていました。

そして、家に帰って鮎について調べてみて、鮎はサケ科と知ると、次に鮎を釣った時に、「どうしてこれがサケなんだろう」と思ってながめて、また放したり……。


せっかく苦労をして捕まえても、なぜか「放してしまおう」という心境になることも多いのです。

今は、ハンターを仕事としているので、捕まえたら、もちろんそれを売ることがほとんどです。でも、今でも大きいウナギを獲ろうとして、小さいウナギが獲れた場合は、それを逃がしています。

この「リリース」してあげようという感覚は、僕が小さいころから感じていましたが、年を取れば取るほど、そういう気持ちが強くなっていきました。

おそらくそれは、年を取るとともに、いろんな生き物の死ぬ瞬間を見てくると、命の灯が消える悲しさが、僕自身に植えつけられていくからだと思います。その生き物に対して、絶対的な尊敬の念があるからこそ、その生命の種の大元を立つような命の奪い方をしないという気持ちは、すごく強くなっていっています。

獲物を獲る工夫が楽しい

〜本や図鑑で読むよりも、実際に観察したほうが何倍も身に付く

昆虫や魚を捕る工夫をするために、図鑑を見たり、本を読んだりもしますが、僕の場合は、実際に自分の目で観察をして、自分で考えるほうが好きなタイプです。それは、小学生のときから変わりません。

頭で覚えるよりも、実際に自分の目で見て研究をして、捕まえる方法を体で覚えてきました。百聞は一見にしかず。自分で経験した方が、本を読むよりも、百倍覚えられると思います。

例えば、魚を釣るときに、人に「こうだよ」と教わるよりも、自分で失敗をして、「これは、どうやったら釣れるんだろう」「こうしたら釣れる」と試行錯誤をしたほうが、絶対に人よりもうまくなるのです。

鮎は、今は鮎の餌作りは禁止になっていますが、昔は禁止されていませんでした。なので、鮎の餌なども、相当工夫をしました。

鮎を釣る時は、ヘラ竿という、ヘラブナ用のリールがない和竿を使います。その竿に、細めの1号という糸を付けます。そして、発泡ウキという、すごく敏感に反応する発泡スチロールでできた小さいウキに、ヨリ戻しというケーブルがねじれるのを防止する器具をつけ、その下に「007」という、ものすごく細いハリス（糸）を付け、下にタナゴ針を付けます。

そのヘラ竿の小さい針に、イカを小さく切った餌を付けて流すと、鮎が釣れます。しかし、一匹一匹、たまたまそこにいた鮎がチョンと釣れるだけなので、たくさんの量は釣れません。

そこで、どうやったら量を獲れるかと考えました。そして、そのヨリ戻しの上にバネをつけて、そのバネに茹でたシラスを練ったものを団子状にして付けました。

餌はバネに付けるといいと聞いたことがありました。僕は、当時、ライターを壊して遊んでいたことがありました。ライターを壊すとカチンカチンという電気が飛ぶところに小さいバネがあるのを知っていたので、そのバネを利用しました。

そうやって、茹でシラスを付けた釣り糸をポッと川に入れると、鮎が集まってきて、そのシラスにパンパンパンパンと鮎が当たり、シラスが崩れていきます。崩れた下に、小さい針にイカを付けたものがあるので、鮎はイカもシラスだと思って一緒に食べます。

いとも簡単に鮎が釣れるわけです。

ヘラブナ釣りをする時にも練り餌がありますが、その練り餌を使うと、鮎のお腹の中に練り餌が入り、鮎を食べるときにあまりおいしくないのです。しかし、シラスの練り餌だと鮎のおいしさに影響を与えないと教えてくれた人がいて、僕もシラスを使うようにしました。

この方法だとあまりにも鮎が釣れるので、今は鮎の餌作り漁は禁止になってしまいました。

他にも、僕の仲間内だけでやっていた釣り方で、「そろばん」と呼んでいるものがありました。それは、コロガシの針に餌を付けるというものです。

コロガシ釣りというのは、場所によって許可されていないところがありますが、相模川では許されていた鮎の釣り方です。

コロガシというのは大きい重りの下に糸が付いていて、その下に漢字の八の字のように2個イカリが付いている針が、10センチ置きぐらいに7〜8個付いている釣り糸を使った釣り方です。

それを川に投げて、引っ張って鮎を引っ掛けるのです。

これを重りを付けずに、短めの竿にコロガシの糸を7本付けます。そしてイカリに、1つ置きに練り餌を付けます。そうすると、その餌が重りの代わりになります。

そして、そのコロガシを川に沈めます。餌に魚が集まってきてバーッとつつくと、川から浮き出た竿先がちょこちょこっと動くので、そこでビュッと竿を引っ張ると、イカリ針に魚がたくさん引っ掛かってきます。

鮎釣りにしても、僕の子どものころは、いろいろなことが許されていました。今は、僕が子どものころに入っていた場所は、危険なために、ほとんど立ち入り禁止区域になってしまいました。

自然を甘く見て命を落としたり、乱獲をして生きものを保護するためなど、さまざまな理由があると思いますが、残念なことだと思います。

生き物を獲ってお金を稼ぐ
～自分が捕まえたものを買いたい人がいる。獲ったものが売れる！

人から頼まれて生きものを捕まえたのは、小さいころに祖父に頼まれたサワガニが最初でした。それが、自分が捕まえた獲物が喜ばれるという原体験でした。

そして中学生のころ、川でよく一緒に釣りをしていた近所のおじさんが、僕がウナギをよく獲っていたのを知っていたので、「ウナギを獲ってきたら買ってやるよ」と言ってくれたことがありました。

そこで僕は、「自分が捕まえた生き物を売ることでお金を稼げる」ということを初めて知りました。

僕は毎日釣りに行き、ウナギを獲っていましたが、ぼくの母は、僕がウナギを持ち帰るのを嫌いました。なぜなら、そのウナギをさばかなければならないからです。

日々の家事もあるので、とても面倒な話です。

そこで、僕の釣りの師匠とも言えるフジヤグリルのおじさんにウナギはあげていました。

するとある日、釣り仲間の別のおじさんが、「おまえ、家に持って帰ったって、お母さんはウナギをさばいてくれないんだろう。俺が買ってやるよ」と、ウナギを買ってくれました。

そのおじさんは、その日は、自分が全然ウナギが釣れなかったので、きっとウナギが欲しかったのだと思います。僕は「買ってもらったお金で、釣り道具が買える！」と思い、喜んでおじさんにウナギを売りました。

他にも、相模川の河口に、ウナギの稚魚を獲って販売するところがありました。ウナギは養殖といっても、完全養殖はできません。自然界で生まれてきたものを誰かが捕まえて、それを養殖しているのです。

相模川の河口は、ウナギが獲れることでも有名で、夜になると四角いライトを照らして、ウナギを集め、ステンレスでできている網目の細かい網ですくいます。

今は、ウナギの稚魚は1キロ 510 万円ぐらいしますが、昔はおちょこ1杯50円で稚魚を売っていました。


そのうなぎの稚魚を捕まえるためには、権利を買わないといけません。

僕が中学生の時のことです。相模川の河口で釣りをしている時に、その権利をもっているおじいさんとおばあさんと知り合いました。そして彼らは、目が悪くて全然ウナギの稚魚が獲れないと言うのです。

そこで、僕は、「おじいちゃん、ここにウナギいっぱいいるよ。この網、使っていい？」と聞いて網ですくって、たくさんウナギの稚魚を獲ってあげました。

おじいさんは喜んで、「お小遣いあげるから、またおいでよ」と言ってくれましたが、僕は、お金が稼ぎたくて釣りをしていたのではなかったのと、ウナギの稚魚に関しては、「網ですくって取るだけ」ということに全く面白みを感じず、結局その後にお手伝いには行きませんでした。

その時は、天然食材ハンターになることなど一切考えていませんでしたが、こういった経験が、何となく天然食材ハンターになるための方向付けには一役買っていたとは言えそうです。

「獲ること」に対する興味
～小学校の時も、スノーボードをしている時も、常に「獲っていた」

今、こうして振り返ってみると、幼いころから、学生時代、社会人、そして今に至るまで、動物や植物といったあらゆるものを獲ることに対する興味は、ずっと消えませんでした。

ホテルやとんかつ屋さんに勤めていた時も、時間があれば釣りに行ったり、きのこ狩りに行ったりもしていました。

海でも山でもどこでも、時間があれば、どんな生き物でも捕まえていました。

山で獲れる物、海で獲れる物、川で獲れる物……。

毎日、山に入ったり海に入ったりしていると、その場所で年間を通して獲れるさまざまな生き物が見えてきます。それは小学校の時からそうでした。きのこを採りに行ったり、クワガタを獲りに行ったり、蛇を捕まえたり、勉強なんてする暇はありませんでした(笑)。

その日の気分で山に行ったり、川に行ったり。または、この時期は、これが獲れるからここに行ってみようと、あちこちに出かけて行っていました。時には友達と一緒のこともありました。

そろそろ「クワガタの季節だから」と山に行けば、木イチゴ、きのこや山菜などの植物も一緒に採れます。

中学生のころは、僕に釣りを教えてくれたフジヤグリルのおじさんが、山菜採りもしていたので、一緒に山に行き、「それ、なんですか?」と教わったり、「これは食べられるの?」と聞いたりして、たくさんのことを教えてもらいました。むしろ学校よりも、そういった自然の中で出会った大人たちが僕の先生でした。

その後、スノーボードでニュージーランドに行っている時も、群馬のペンションで働いている時も、時間があれば山や川、海に出かけて、何かを獲っていました。

こう考えると、僕の頭の中は、いつでも「獲る」ということでいっぱいだったのかもしれません。

PART

3

天然食材ハンターへの道

食肉処理場を作ろう

～「いかにして動物たちの命を無駄にしないか」と考えた結果

北海道で蟹工船に乗り漁師になったものの、あまりの辛さに辞めてしまった僕は、地元の神奈川に戻ってきました。

今から4年前、40歳の時のことです。

そして教師である妻の収入で生活をしながら、Facebookに、釣ったり捕まえたりしたウナギやスッポンなどの生き物や、山で見つけた木の実などの珍しい食材をアップしていました。

そのころの僕は、漁師は厳しかったけれど、だったら猟師はどうだろう？　と考え始めていました。

山ではイノシシや鹿が駆除をされて、捨てられるというニュースも多く報道されていました。そういった問題にも興味があり、何とかそれを解決できないか、とも思うようになりました。

そこで思い付いたのが、食肉処理場を作ること。食肉処理場を作れば、ただ捨てられるのではなく、動物たちも無駄なく利用できるのではないかと考えました。

それに、猟師になって鉄砲を持って山に入ったとしても、仕留めた動物を集荷できなければ、それも捨てるしかありません。

一人でできることは、せいぜい1回の猟で1~2頭の動物を獲って、解体をして出荷をして、それで終わりです。

仕かけをして、何日も山に入って、時間と苦労をかけても、生活できるまでのお金を儲けることはできません。

それなら食肉処理場を運営し、猟師さんが獲ったものを、僕が無駄なくお肉として出荷すればいいと考えました。

ある時、Facebookで、捕まえたスッポンやウナギなどの写真を上げると、ある企業の社長さんがおもしろがってくれ、「スッポンを買うから、送ってよ」とメッセージがきました。

スッポンを送ると、再び、その社長さんから「鹿やイノシシは手に入らないのか」と連絡がきました。

睾丸を乾燥させたものや、鹿のペニスを乾燥させたものなどは、滋養強壮になるとても高価なものです。

何度かやりとりをするうちに、僕は社長さんといろいろな話をし、動物の解体事業を彼と一緒にやらないかということになりました。食肉処理場を作る資金を彼が出資してくれるというのです。

しかし、その直後、その方は亡くなってしまいました。実は彼は、がんにかかっていて、手術で治ったものの、再発をして亡くなってしまったということを後から聞きました。まだ52歳の若さだったので、僕は本当に驚きました。

このころの僕は、鹿や漁師を題材にした短編映画『遠い光』の撮影現場で、鹿の解体や扱いについて監修の協力をするほど、食肉処理にも詳しくなっていました。ですから、その社長さんの死は、とてもショックでした。

動物の解体を学ぶ
〜鶏・豚・鹿・イノシシ。解体方法を動画で勉強して技術を取得

もともと僕は、動物の解体に興味がありました。中学校のころ、フジヤグリルのおじさんに釣った魚のさばき方を教わってから、自然と興味を持つようになったのです。せっかく獲った生き物も、さばかないと食べ物としていただくことができません。

調理師になったのもそういう原体験が影響していると思います。最初に働いていた熱海のホテルでは朝から晩まで魚をさばいていましたし、とんかつ屋さんでは、豚肉をある程度解体することができるようになりました。その後の焼き鳥屋さんでは、1羽全部をさばけるようになりました。

また、ニュージーランドから帰ってきたときは、山形の米沢市の精肉店で働きましたが、その店では、内臓だけとった枝肉といわれる状態でお肉を仕入れ、店で切って

お肉を売っていました。

僕は、この精肉店が経営しているしゃぶしゃぶ・すき焼き店で働いていたので、自分で解体することこそしませんでしたが、枝肉に興味を持ち、YouTubeで動画を見たりして、解体の勉強をしました。

その後、北海道から神奈川に戻ってきて、さらに具体的にイノシシや鹿の解体を覚えました。

神奈川県の足柄にヤマメの養殖場があり、その養殖場を経営しているおじさんと仲良くなったのです。

養殖場の隣にあったロッジに泊まりに行った時に、養殖場のおじさんからヤマメを買い、ロッジで焼いて食べたりしていました。おじさんは、ヤマメの養殖をしながら、猟師もしている人でした。一緒に飲んだりしているうちに仲良くなり、おじさんが猟をした獲物を解体してくれました。その後もYouTubeで、いろいろな解体動画を見て、解体の知識を身に付けていきました。

様々な種類の動物を自分で解体したり、動画を見て思ったのは、牛も鹿もイノシシも、基本的な解体の仕方は変わらないということです。

もも、ロース、あばら、腕、首など、動物なら、みな部位は同じです。体の部位は変わらないので、あとは大きさの問題です。


僕が解体に興味があるのは、決して「解体すること」が好きだからというわけではありません。

命を、無駄にせず、うまく使うにはどうすればいいのか。美味しくいただくには、速くさばくことが大事です。それが僕にとっては、生き物を尊重することにつながるからです。

再び無職に
～自分のやりたいこと、自分の今までの経験が生かせるものは何だろう？

食肉処理工場の話がなくなってしまいましたが、かといって40歳をすぎた僕が、再び飲食店に就職をして働くかというと、そんな気持ちは、もうありませんでした。

これから先、自分で仕事していくとなったときに、誰かに雇われる仕事ではなくて、自分で仕事を作っていくような仕事、自分にしかできないような仕事をしたいとも思っていました。

調理師の仕事は、探せばいくらでもありますが、「やりたい」「やりたくない」で考えると、正直に言えば「やりたくない」のです。

人に雇われてお給料をもらうのではなく、自分で何かをしなくてはいけない。そして、自分のやりたいことは何となくはあるのですが、それが具体的に何かといえば、答えられないという時期がしばらく続きました。

妻から一度だけ「どうして仕事をみつけようとしないの？」「何かやりたいことがあるの？」とは聞かれましたが、僕に何となくやりたいことがあるのだろうと察してくれたのか、放っておいてくれました。しかし、何も言われないのも、それはそれでプレッシャーでした。

贅沢さえしなければ、彼女の給料だけである程度の生活はできましたが、僕自身も、何とかしないと、という思いはありました。

自分には何ができるだろう？　人にできないことで自分ができることは何だろう？　しかもそれでお金が稼げるもの……、と考えたときに、自然の食材を捕まえて売っていけば、稼げるのではないだろうか？　という漠然とした考えは確かにありました。

実際、たまにウナギやスッポンが欲しいという人がいて、捕まえて売るようなこともしていました。

ある程度高価なスッポンやウナギを獲って出荷をすれば、お金になります。人に頼まれると、妻が仕事に行っている間に近くの川のそういった生き物がいる場所に行き、ウナギやスッポンなどを捕まえてはお客さんに発送していました。

そういった生活をしているうちに、お客さんから「○○はありますか？」と聞かれるようになり、お客様が欲しいものを獲ってきて売るようになりました。

さらに、山や川、海に行けば、他にも山菜など、自分で獲れるものがたくさんあります。しかも、今住んでいるのはかつてよく知っている地元です。

何かを捕まえてはそれを売るたびに、それを自分のFacebookであげていました。すると、それを見た別の人からもFacebookを通じて注文が入るようになり……。

やがてFacebookが自分の営業活動のツールにもなっていきました。まだ当時は、今みたいにFacebook全盛の時代ではなかったですが、それでもぼちぼちFacebookをする人が増え始めてきたころです。

そうやってFacebookで営業をする中で、他の人のFacebookも見たりするようになって、あることに気がつきました。

それは、魚だけを獲っている人や、爬虫類にだけ詳しい先生はいますが、僕のように海のものも山のものもどちらもオールマイティーに獲れる人は、そんなにいないということです。


これは、自分が今までやってきたことを生かせるチャンスだと考えました、「絶対に、これはいけるはずだ」と思い、引き続きFacebookで営業を続けました。

すると、僕の活動を面白いと思ってくれる人が、どんどん増えていき、注文も増えていきました。

おそらく、SNSで個人が情報を発信したり、情報がどんどんと拡散していくという時代背景があり、それが僕の活動と噛み合ってくれたのだと思います。


例えばもっと前に、「こんな物を獲りましたが、どうですか」と営業をしたとしても、Facebookもそこまで浸透していなかったし、ブログにアップをしても、多くの人の目にふれることはなかったでしょう。

それに、せっかく珍しい食材を獲ってきても、買おうと思う人も今ほどいなかったはずです。

ちょっと前は、鹿の肉、イノシシの肉、アナグマの肉といっても、食べたことのある人は、ほとんどいなかったはずですが、今は時代の流れもあって、そういったちょっと変わった食材も普通に受け入れられる時代になってきました。

職業「天然食材ハンター」

～人が欲しがっているものを探してお金に変える。トリュフ発見が転機に

「自然の食材を獲って売ることを仕事にしたい」と、心は決まりましたが、十分な準備ができるほどのお金もありませんでした。

そこでまずは、Facebookで販売ページを作ることにしました。

そして、その販売ページを知ってもらうために、皮はぎなど、いろいろな食材を食べるイベントをすることにしました。

今では1回のイベントで50人の定員がすぐに埋まってしまいますが、最初のころは、イベントを開催しても、人が全然集まりませんでした。10人も集まらないこともありました。

でも、10人来てくれることによって、そこから口コミで、少しずつでも着実に人が

広がっていけばいいという思いで活動をしていました。

そんなイベントを何回か続けてるうちに、いろいろな方と知り合いになりました。「僕は今こういう状況で、食材を集めて販売をしたい」と話すと、不思議とそれに賛同してくれる人が現れるものです。

食材を入れるストッカーも、「そういうことをやるなら使いなよ」と持って来てくれた方がいたり、スッポンを入れるためのネットをいっぱい持ってきてくれる人もいました。

沢山の人が支援や協力をしてくれ、だんだんと地盤らしきものができあがっていったのです。

夜は、妻が寝た後も、ずっとタブレットで、いろいろなお店に営業のメッセージを送るという営業活動も行っていました。

しかし、自然の食材を獲ってきて売る仕事を始めたからといって、すぐに収入になるわけではありませんでした。最初の1年目は、本当に大変でした。獲ってきても売れない場合もあるし、さらに、ないものに限って欲しいと言われることもある。需要と供給のバランスがうまくいかないのです。

そんな日が続くなかで、ある日、山で偶然にもトリュフを見つけました。山で食材を探して歩いている時に、蜂に追いかけられて逃げているところ、木の根か何かにつまづいて転んでしまいました。

そして、ふと手をついた先に、黒い固まりがあったのです。

まさしくトリュフです！

もしかしたらトリュフがあるかもしれないという程度の経験や知識はありましたが、まさかこんなふうにある日突然、自分の目の前に現れるとは思ってもみませんでした。この幸運に、「これはいけるかも！」と思いました。

なぜなら、まだ日本には、天然のトリュフを採って販売する人はいなかったからです。そこで、知り合いのキノコ関係の仕事をしている人に、「トリュフを販売したらどうだろうか？」と相談をすると、「それは面白い。ニーズはあるだろうから、やってみたら」と背中を押してくれたのです。

このときの自分は、まだ、「ここに絶対にトリュフがある‼」という確信を持ってトリュフを採れるほどの自信や技術はありませんでした。でもほそぼそと採れたトリュフを売ることを始めました。

トリュフの販売をして売れるようになると、もっとトリュフを採りたいと思い、トリュフについて、より一層勉強をするようになりました。

やがて、「ここにある！」と思った場所から、ちゃんとトリュフが採れるようになってきました。

これは、子どものころから、同じものをずっと観察して身に付いた分析力のたまものだと思っています。

トリュフを販売するようになり、僕と妻の生活は劇的に変化をしました。

トリュフの販売を始めると、採ったトリュフをFacebookにアップした瞬間、メッセージが来て、あっという間に全部売り切れるようになったのです。
初めて偶然トリュフを見つけたときから大体3年後のことです。

ここまでニーズがあるとは、正直驚きでしたが、自分が進もうとしている道は間違っていない、と確信した瞬間でもありました。
トリュフの収穫をし、夕方に帰ってきて妻と2人でひたすらトリュフのゴミ取りをし、翌朝に梱包をして発送する。秋から冬にかけては毎日、そんな日が続きました。

そして、トリュフが採れるようになったと同時に、このトリュフを絶やしてはいけないと考え、今は栽培することを視野に入れながら、トリュフに携わっています。

天然食材ハンターが軌道に乗るまで

～良いものを相場より安く。焼き鳥屋の対面販売が今の仕事に役立った

「自然の物を獲って売る」という仕事をする時に、僕は焼き鳥屋さんの時の経験がすごく役立っていると思っています。

特に「お客様のニーズに合わせる」ということ、お客様が何を欲しがっているのか、どうして欲しいのかと感じるのは、焼き鳥屋時代の対面販売で身に付いた気がします。

現在は対面販売ではなく、インターネットでの販売になったわけですが、文章でのやり取りの中でも、「この人は何が欲しいのかな」「何を求めているのかな」「この人はこういうことを知りたいんだな」ということがわかるのは、焼き鳥屋での経験が大きいと思います。

また、値段をつける時の考え方も、焼き鳥屋時代と同じです。

最初は、「いらっしゃいませ。これどうですか。どうですか」と売っていましたが、焼き鳥が欲しいから買いにきてくれている人は、安売りの時でなくても買いに来てくれるのです。

そして、お客様に「欲しい」と思わせるには、やはりお客様が欲しいと思うもので、かつ良いものを出さなくてはいけません。そうすると、「高くてもいいので良いものが欲しい」というお客様が出てきます。

ですから、僕が獲ってきた自然の食材の販売をFacebookで始めた時も、安売りはする必要はないなと考えました。

とはいえ、やたら値段を上げるというわけではなく、例えば市場の価格が1キロ7千円ぐらいの相場だとしたら、それよりも少し下げた金額でいい物を出したいと考えました。

そうして少しずつ注文は増えていきましたが、獲物を捕るのにも釣り針を買ったり、道具をそろえたり、お金がかかります。

最初は、まさに自転車操業でした。

しかし、獲物が獲れなかったら、収入を得ることはできません。自然が相手なので、自分でコントロールできない部分があります。それでも、だんだんと口コミでお客様が増えて、「あれが欲しい」「これが欲しい」と言われるようになってきました。

すると、是が非でもいいものを獲らないといけなくなり、必死で歩き回る時間が増えていきました。たとえばウナギなら、ウナギがいそうな川を、上流から下流まで全部歩き回って調べて、ウナギはもちろん、川のどこに何がいそうかを把握していきます。山も同じです。一つの山のどこに何があるかというのは、ひたすらずっと毎日歩き回らなければ知ることができません。

夜は夜で、商品の準備をしたり、お客様からの注文をチェックしたり、といった事務作業があります。

4年前に始めた当初は、思っていたよりもうまくいきましたが、本当にハードな日々でした。最初は、すごくきつくて、しんどくて、そんな中で、なんとかやりくりをしていましたが、ようやく軌道に乗ることができました。

今でももちろんハードですが、妻が仕事を辞めて手伝ってくれるようになったのでだいぶ仕事が分担できて、楽になりました。

これまでは僕一人で獲りに行き、一人で梱包をし、一人で発送をし、夜はFacebookで営業と注文のチェックをしてと、すべてのことを一人でやっていましたが、妻が事務作業や発送作業をしてくれるようになってから、獲物を獲りに行く時間が増えました。

そうすると、今まで時間がなくて獲りに行けなかったものも獲れるようになり、食材の幅も広がり、お客様に「こんなものがあります」「こんなものも獲れました」と、こちらから、どんどん言えるようになりました。

本当に自分が獲ってきたものでお金を得られるというのは、何事にも代えがたい喜びです。

僕の仕事観
～無理なものは無理。その無理の中で、できるだけ良い物を出したい

僕の仕事は、自然のものを相手にしているので、工業製品のようにいつでも一定のレベル、高品質のものを出荷できるとは限りません。「○○までに、○○を○g」のような注文を受けることはできません。

ありがたいことに、Facebookなどから、一流の料理人の方から注文をいただくこともありますが、そんな事情もあって「無理なものは無理です」というお話をさせていただいています。

そんな中、「谷田さんが獲ったもので、良いと思う物だったら、量はいくらでもいいから、うちに全部送ってくれていいですよ」と言ってくださるお客様もいました。今や、世界的な評価を受けている東京の創作料理店「傳」の店主、長谷川在佑さんもそのうちの一人です。

しかし、それは僕を信じてくれているということなので、逆にそう言われてしまうと、本当に良い物しか送れない、失敗ができないといういい意味でのプレッシャーもあります。

でも、長谷川さんをはじめ、いつも注文をくださる予約のなかなか取れないお店の料理人の方は、例えば「今シーズンはこれが一番いい！」というものが入ったときに連絡をすると、何も聞かずに「全部ください」と言ってくれます。

「予約はできません、日にちも約束できません、獲れた物からの発送になります」といううちのスタイルは、頼む料理人のほうからすれば、本当に当てにならない自然食材の店です。

でも、「いついつまでにこれだけの量の○○が欲しい」という注文を受けてしまうと、悪い物でも送らないといけなくなります。そうすると、うちも嫌な思いするし、お客様も嫌な思いをすることになります。

僕はそういった商売はしたくないのです。

このやり方に賛同してもらえる飲食店の方たちに、最高の食材を届けたい、横柄に聞こえるかもしれませんが、今のところは、このスタイルで続けていく予定です。

次世代に食材をつなぐ
～殺せばいいわけでない。究極には獲れたものだけを食べる世の中に

生き物を食べる場合、その生き物の命をいただくわけですから、同じ地球にいる生き物として、その生き物そのものを尊重することが大切だと思っています。

何でもかんでも捕まえて殺すというのは、完全に弱い者いじめです。人間に必要なことは、全体を見て臨機応変に動くことです。

例えば2019年、僕は全然ウナギを獲ることができませんでした。

それは、ウナギの餌になる鮎が少ないために、ウナギが獲れても、あまり育っていなかったからです。そういった状況を考えて、今はウナギを獲るべきではないと判断して、あえて獲らなかったのです。

しかし、スーパーに確実に今日は1000匹卸さなくてはいけないという仕事の仕

方をしている人は、ウナギが減ってこようが、罠を使おうが、薬を使おうが、何をしても用意をしないといけないので、今年のウナギの状況がどうであろうと獲らなくてはいけないわけです。

例えばマグロも同じです。

マグロも、おいしくて大きくていいものは、「今年はこれだけの量を獲って出荷していい」と規定で決めれば、大漁だからといって値段が下がることもなく、漁師さんも安定した値段で売れるようになり、利益もしっかり出ます。

なおかつ、「小さいマグロは獲ってはいけない」と決め、「今年はこの規格の網で獲りましょう」とすれば、小さいマグロが抜けるので、来年、再来年と、獲れる量が激減することはないでしょう。

もっと人間は、地球や生き物のことを考えないといないと思います。生き物の未来のことを考えず、自分の利益を追求してばかりいる自分本位の人が多すぎます。

僕の場合は、お客様全てに「うちは、予約ができません」と、はっきりと言っているので、無理して食材を獲ることはありません。

さらに「注文いただいたものをできるだけ獲ろうと最大の努力はしています。さらに、そうして単に獲れた物から出荷するのではなく、獲れたときの、その中でも良い物だけをお出しするので、獲れた物全てを出すわけではありません」ともお伝えしています。そしてこのことを理解していただけるお客様とだけ、取引をさせていただいています。

うちでは、冬になるとトリュフの注文が増えますが、例えば、「金額はいくらでもお支払いするので、何月何日までに、これだけの量をください」というような注文は、申し訳ないのですが、うちのポリシーとは方向性が違うのでお断りをしています。

正直に言ってしまうと、冬のトリュフの仕事だけで、夏の間、何もしなくても食べていけるぐらいの収入を得ることはできます。

ですので、売れるのであれば、採れるトリュフを全部採って売ってしまいたいぐらいです。

しかし、僕は、本当に良い物だけを選抜して送っています。そうすることで、うちの商品なら間違いないと、お客様にも喜んでもらえるからです。

このことは、うちにとってもプラスになるし、お客様にとっても、いいものを手に入れられるのでプラスになります。

ところが、「今回、これだけ採れたので採れた分だけ全部送ります」となると、クオリティーが下がります。

それに、きのこは、全部採ってしまうのではなく、翌年につながる分のきのこを残しておくことが必要です。ですから、少し育ち過ぎているものは、採らずに置いてきます。そうすることで、そのきのこが胞子をまき、次の年もそこにきのこができるわけです。

収穫をしても、次の代へとつなげることが、僕の考える環境保持なのです。

「獲る＝殺す」こと

～獲物を獲ることは、生きるために必要な行為。だからこそ「必要な分」を

先日、ハリネズミを友達が捕まえてきました。伊豆や小田原にも、外来種のアムールハリネズミがいて、最近、その数が増えています。

そこでハリネズミを捕まえて食べている人もいます。

でも、あまりにもかわいすぎて、僕はさばけませんでした。強烈にかわいくて、「無理！」と断りました。

ペットショップに置いているところもあるので、知っている人もいるかもしれませんが、目がつぶらで、鼻がチョンととんがっていて、その姿が愛くるしいのです。

もちろん、その友人が捕まえたハリネズミは、殺せなかったし、食べられませんでした。

「天然食材ハンター」という仕事をしていると、「この人、何でもかんでも殺せるんだ」と思われることがありますが、実は僕は、基本、四つ足の動物は、ほとんど殺しません。もちろん、さばくことはできますが、猟師が獲ってきたものをさばくだけです。

たしかに、ウナギや魚は1年間で何匹殺したかわからないぐらいですが、殺すのが目的ではありませんし、殺したくて獲っているわけではありません。そこは理解して欲しい点です。


例えば猟師さんの中でも、いろいろな方がいます。

獲物を見つけたら、「ありがとうな」とつぶやいたあとに撃ち、さらに手を拝むような人もいれば、「おお、いた、いた」と獲物を見つけた喜びだけで撃つ人もいます。

僕は、正直、両方の心を持っています。

僕は鉄砲を使った猟はしませんが、獲物を見て、「おお、いた、いた。獲るぞ!」という気持ちにはなりますし、捕まえたら「獲れた!」という喜びはあります。でもそれを殺すときには、もちろん「ああ、これを殺さなきゃいけないんだな」という気持ちにもなります。

獲物を獲るというのは、すごく楽しいし、原始人の時の記憶というものがあるのなら、それがよみがえるような気持ちになります。釣りも、山菜採りも、きのこ採りも、誰かが育てたものではなくて、自然にそこになってるものを見つけた時は、本当にうれしい気持ちになります。

その感情は、人間の本能だと思います。

人間でなくても、生き物はみんなそうなのではないかと思います。犬だって、必死になって獲物を探します。

獲物を獲る、という行動は、生き物が生きるために必要な行為なのではないでしょうか。

もちろん現代に生きる我々は、もっと楽に食べ物を手に入れられるようになってしまっているので、こういった本能は、あまり必要なくなってきていますが、潜在的にはまだ残っているのだと思っています。

だからといって、いくらでも殺してもいいと言っているわけではありません。外来種駆除や害獣駆除も、駆除するだけでなく、その後のことを考えないといけないと思っています。

他にも、イギリス王室のエリザベス女王は、今後毛皮を使った衣服を購入しないと宣言して話題になりました。

毛皮を得るために、毛皮が高く売れるからといって生き物を殺すのであれば、動物愛護の観点から、毛皮を購入しないという考えはいいと思います。でも、もし、肉を食べるために動物を殺して、副産物としての皮をなめして毛皮にして使うのであれば、命を無駄にしないということにつながるのだと思うのです。

僕は、駆除も含めて、食べずに殺すというのは絶対によくないと思っています。必要な分だけ、食べるために殺すのは、お互い生きるために仕方のないことです。

僕も、毎日トリュフを採りにいくわけでもないし、毎日ウナギを獲っているわけではありません。

確かに1回に獲る量は、他の人よりも多いかもしれませんが、年間を通じて考えると、そこまでの量を獲っているわけではありません。

ウナギを獲っていても、自分が殺しているという自覚があるし、必要もないウナギは獲りません。

生き物だけでなく、植物も同じです。

例えば、かごの原料になる高級素材に山ぶどうのつるがあります。山ぶどうのつるで編んだかばんは、5万~10万円もします。

この山ぶどうのつるは、梅雨の時期に採るのですが、去年、僕がいつも採りに行く場所に行ったら、つるが根元から全部切られていました。

僕がつるを切るときは、伸びた先のほうだけを切って持って行きます。そうすれば、来年、またつるが生えてきて、またつるを得ることができるからです。でも、根元から切ってしまえば、もう生えてくることはありません。

山菜なども同じです。自然薯も、「アズ」という、芋がここから始まるという部分があるのですが、そこに芋を少し残したまま、また土の中に戻しておけば、次に年にまた出てきます。

僕は、そういう知恵を大切にし、次の世代につなげていくことが、天然食材ハンターのあるべき姿だと思っています。

PART

4

天然食材ハンターが考える食のこと

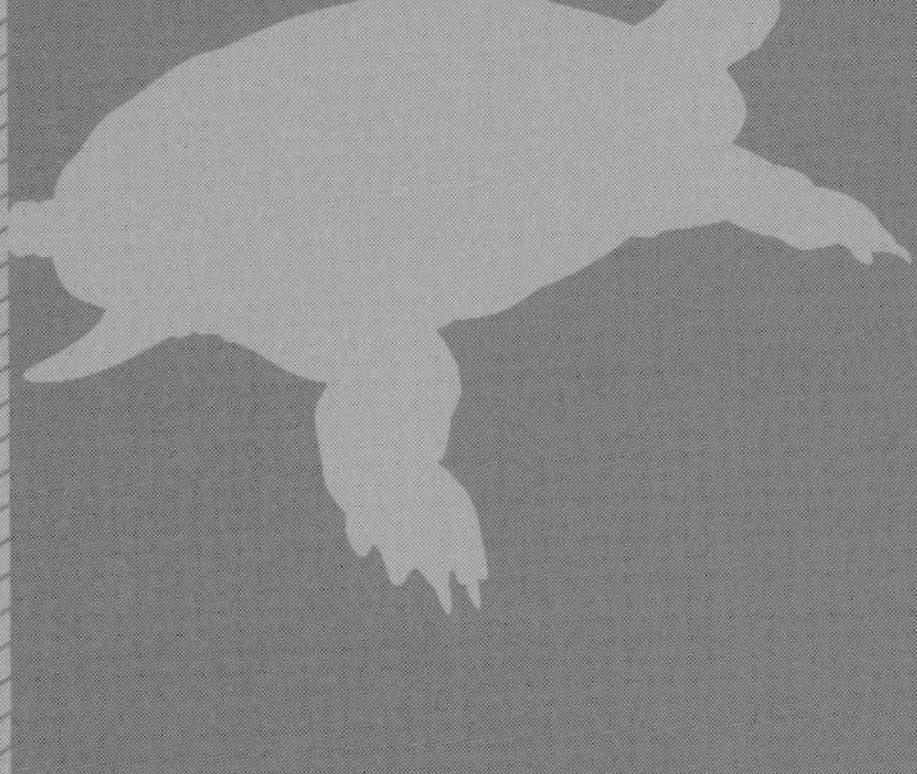

僕が考える外来種のこと

～外来種は問題なのか？　それよりも人間が自然を壊しているほうが問題

近年、日本では外来種が問題になっています。

もともとその土地にいなかった動植物を、外来種と言います。

動物でも植物でも、人間が外から持ち込み、そこで野生化をして増えてしまうことがあります。

そのために農作物に被害を及ぼしたり、その土地に昔からいた在来種が減ってしまうのが問題とされています。

例えば、アライグマは北アメリカ原産の動物ですが、１９７０年代後半、ペットとして人気が出て、たくさんの数が日本に輸入されました。

ところが、飼い切れなくなって山に捨てる人が現れたり、動物園から逃げるなどして、アライグマは、全国の野山に広がっていきました。野生化したアライグマが、トウモロコシやスイカ、メロン、イチゴなどの農作物を食べ荒らすので、最近では駆除が進められています。

他にも大型のカエルであるウシガエル、アメリカ大陸原産のカミツキガメやアメリカザリガニ、ブラックバスなど、在来種の生態系に影響を与えている外来種が問題になっています。

しかし、僕は、外来種がいてもいなくても、自然の摂理によって絶滅するものは絶滅すると思っています。それよりも、日本では、自然が壊されることで絶滅していく生き物がいることが問題だと思っています。

外来種が増えていることが原因で、在来種が減っているとは、僕は全く思っていません。

例えば、今、日本の河川では、あちらこちらで護岸工事が進められています。このような工事で自然が減ると、草などに隠れている虫が住めなくなります。

すると、その虫を食べる生き物がいなくなります。そして、その生き物を食べる生き物もいなくなります。

つまり、根本的に何がいけないかというと、自然を壊すことが一番いけないのです。

そんな環境の中で、より強い生き物、生命力の強い生き物が残るのが自然の摂理です。それがたまたま外来種だったりするのです。

台風が来ようが、護岸工事をされようが、何をしようが、より強い生き物が残っていきます。ですから、その強い生き物を駆除したら、結果的に生き物全部がなくなってしまうのではないかとも思います。

人間が作った環境に合わせて、生き物たちの生態系も変化していきます。自然のままにしていれば、その自然に合った生き物が増えていき、もちろん、その中で自然淘汰していくものもあります。

その中でどこまで人間が自然に力を加えていいのか？　そもそも力を加えてもいい

ものなのか？　ここまで生き物のことがいろいろと問題になっている中で、われわれ人間ももう少し、自分たち人間と生き物との関係を、深く考えてみるべき地点に来ているのではないでしょうか。

外来種は善か悪か

～外来種を食べる在来種もいる。人間は、やっていることが矛盾だらけ

外来種の問題に話を戻すと、今の日本では、もともとの環境が壊われていく中でも生きていける外来種が残っている、というのは現状です。もちろん数が減っている外来種だってたくさんいます。なぜなら、その外来種を食べる在来種もいるからです。

例えば、アメリカザリガニは、絶滅危惧種の水生昆虫や魚類を食べたり、農作物への被害も大きく、日本生態学会が作成した「日本の侵略的外来種ワースト100」にも選定されるほど悪者扱いをされています。

しかし、そのアメリカザリガニを食べるウナギや、ナマズ、鯉といった在来種もいるわけです。

それともう一つ、よく勘違いしている人も多いのですが、外来種の「外」とは、外

国の「外」ではありません。「外」という意味です。

つまり、多摩川に相模川の魚を入れたら、それは外来種になるのです。酒匂川に相模川の河口で取れたウナギを放流すれば、もうこれは外来種です。そう考えると、現在、日本にいる鯉はすべて外来種になります。


外来種はダメと言っているわりには、オーストラリアの牛を、1週間日本に置いただけでそれを和牛として販売しているという一面もあります。

他にも、茨城県の霞ケ浦では、アメリカナマズの養殖が許可されたりもしています。外来種の駆除をしましょうと言いながら、一方では外来種を許可しているという現状があるのです。


他にも矛盾はいっぱいあります。

外来種のブラックバスは、釣り人に愛されていますが、ブラックバスがいる場所では、そこの環境を崩しているのは確かです。ブラックバスがいるために、ワカサギがいなくなってるとも言われています。

でも実際、人間もワカサギを獲っているわけです。

また、「ニジマスが、いなくなる」と放していますが、ニジマスも外来種です。

こう考えると、日本は、もう外来種だらけです。水草などは、ほとんどが外来種です。タンポポだって外来種だし、野菜もそうです。白菜もキャベツもジャガイモも外来種です。

ですから、外来種だからといって何もかもを排除する昨今の日本の風潮には疑いを禁じ得ません。

もっとも、イノシシや鹿など、異常に増えてしまったものは駆除する必要もありかもしれませんが、そもそも、なぜ増えているのかを考えることが大切です。

イノシシや鹿がどうして里山に下りてくるのか。それは山に餌がなくなり、里に下りてきて農作物を食べているからだと言われています。それも一理あります。

でも、もしかしたら、イノシシや鹿を食べるオオカミが減って、結果的にイノシシや鹿が増えたのかもしれない。

他にも地球温暖化によって、日本では降雪量が激減しています。そのため、以前であれば雪が降って、なかなか生き残っていくのが苦しい状況だったけれども、雪が少なくなって生きやすくなったのかもいれません。

そして、そういった理由を考えた時、そもそもイノシシや鹿が増えるのはおかしなことなのか。自然の摂理ではないかと思うのです。

それに、イノシシや鹿が増えたからと言って、全部殺してしまうのも人間の勝手だと思います。

人間は、肉、魚、野菜……何かしらの食べ物を食べていかなくてはいけません。

そこで、食べるためであれば、何でも連れてきて放したり、植えたりして増やしていいかといえば、そうではないと思うのです。

人間がわざわざ連れてきて増やして、結局いらなくなって捨てるというのは勝手な話です。だったら「捨てるのでなく、食べるようにしよう」というのが僕の考えです。

みんなが知らない事実

～国の天然記念物のオオサンショウウオやトキは、すでに外来種だった？

特別天然記念物に指定されている生き物にオオサンショウウオがいます。今は、数がものすごく少ないために、中国からオオサンショウウオをもってきて日本の自然に放して増やしている人がいます。

中国産のオオサンショウウオも、日本に昔からいるオオサンショウウオも、見た目は全く変わりません。DNAを調べないとわかりません。

僕の友人で、そういったことを調べるのを仕事にしている人がいるのですが、彼が言うには、今日本にいるオオサンショウウオの大部分は、中国からきたオオサンショウウオのDNAをもっていると教えてくれました。

日本のオオサンショウウオも中国のオオサンショウウオも同じオオサンショウウオ

なので、交配して、今ではハイブリッドの亜種のオオサンショウウオがたくさんいるということです。一体、そういうことをしてまでオオサンショウウオを日本で増やす必要があるのでしょうか。

トキも、日本産の最後の1羽であるトキが死んでしまい、国内のトキは絶滅しましたが、日本のトキと同じDNAを持つトキを中国から輸入をして繁殖をさせたので、今いるトキは、外来種です。

そう考えると、何が在来種で何が外来種なのか、線引きをすること自体がバカらしく思えてきます。

とはいえ、人間が自分本位な考えで、勝手に海外から連れてきて放したりするのは間違いなく良くないことだと思っています。国がきちんと管理をし、海外から知らないものを連れて来れないようにするのが重要です。

オオサンショウウオは、中国から自由に輸入ができるので、誰かがつがいで輸入をして増やすために放しているのは明らかです。計画的犯行だと思っています。ブラックバスも、そこで釣りをしたいから放している人がいるわけです。ザリガニもそうです。

環境問題のこと、在来種、外来種のこと、害虫駆除のことなど、あまりにも安易な考えで行動を起こしている人が多すぎます。

もっと日本人全員が、意識をもつようにしていかなければいけないと思います。

環境問題は人間本位?

〜人間がいてもいなくても、地球は地球で生きようとしている

「環境問題」という言葉があります。

この言葉の意味は、「地球全体の環境の問題のこと」だと、多くの人は理解していると思います。「環境問題」という言葉には、「問題」という単語がついていますが、そもそも、**問題視をしているのは人間だけ**です。この言葉は、あくまでも人間の視点から生まれた言葉です。

例えば、イノシシや鹿が増えているのは、人間が環境破壊をするといった原因を作ったからかもしれません。当事者の動物たちにとっては、個体数を増やしていくのは、生き残るための手段なのです。

人間は、自然のことを人間本位で考えてしまいがちです。

「ナラ枯れ病」というのがあります。ナラが枯れる「病気」ですが、枯れた後には、

他の芽がそこから出てくるわけです。ナラにとっては重大事ですが、そこから出てこれた他の生き物にとっては、有り難い話です。

世の中を見ていると、あまりにも人間本位に物事を考えすぎだなという事柄が多いように感じます。

2019年には、イノシシの駆除をしたあと、埋めるのではなく、発酵の力で溶かすという施設ができました。国から許可が下りて、予算が1億3000万円下りたそうです。

発酵の力を使って、1頭あたり1週間かからないで、イノシシを土に戻すことができるというと、一見すごく素晴らしい方法に聞こえるかもしれません。

しかし、これから先、食糧難で食べ物がなくなるとか、虫を食べないといけなくなるという話もあるなかで、お肉を溶かして捨てるのは、おかしな話です。

神奈川県では、犬猫殺処分ゼロを目指し、実際に達成しましたが、その一方でイノシシや鹿の駆除は行われているわけです。

近年、大型台風が関東にも上陸して大きな問題になっており、人間のために環境を整備をすることは人間が生きていく以上は、絶対に必要だとは思っています。ダムを作ったり、土手を作ったり、もし、それらの工事をしていなかったら、もっと大きな被害になっていたかもしれません。

一概に護岸工事などを含めた人間の手によるもろもろのことが、すべて「環境破壊につながるから悪である」とは言えないとは思っています。

ただ、人間の命を守るための補強は必要でも、それが過剰になってしまうこと、そこには、人間だけが生きようとするエゴを感じてしまうのです。

昔は雨が降ると、次の日に川の水が増えました。

しかし、今はコンクリートだらけになってしまったがために、水が増えると、その瞬間に一気に水が増えます。そのため被害が大きくなるわけです。つまり人災です。

例えば川のそばでキャンプをしていて、いきなり雨が降って水が増えて流されてしまうというのは、人間が川の周りをコンクリートだらけにしているから起こってしまうことです。

でもそこで「危ない、危険だ」となって、さらにその周辺にコンクリートの防壁を作ったりするのです。

そのことが、さらなる人災を引き起こしたりします。

長い歴史のなかで、川の氾濫は周期的に起きているものです。いくら人間が自然の力に対抗しようとしても、大自然の前では人間なんて、ちっぽけなものです。

ヤマメがとれることで有名な神奈川県の酒匂川の川べりは、2019年までに大金を投じて真っ平にする工事を行いましたが、2019年の台風で、一瞬にして元に戻りました。多摩川もそうです。芝生になっていた川沿いは、岩でゴロゴロの状態に戻りました。

人間が何年もかけて工事したところが、自然の力で、一瞬で元に戻ってしまうのです。自然の力にはかなわないのです。

一概に護岸工事や川の整備全てが良くないかと言われたら、そうではないことは間違いありません。

ですが、一方で人間がより安全に住むために自然を破壊していることも間違いありません。それによって、魚や生き物の住む場所が少なくなっているのは、明白な事実です。

だからこそ、いかにして自然を残したまま、人間と自然が共存をしていくかというのが、人間が今、一番考えなくてはいけないことだと思います。

世の中は騒ぎ過ぎ？

～人間が大騒ぎをしているだけで、自然界の中はうまく回っている

今の世の中、特に日本での話ですが、いろいろなことに対して騒ぎすぎだと思います。食糧難についてもそうですが、外来種がどうだと騒いでいること自体もおかしいと思います。

魚が少なくなって放流すればいいかといったら、その放流される魚たちは結局のところ外来種として考えられてしまうわけです。外来種が悪者だという考え方がはびこってしまうと、もう何にもできなくなってしまいます。

そんなに外来種に対して騒ぐのであれば、外来種を入れることで、他のものがいなくなってしまう可能性があるものに対する飼育の罰則を厳しくすればいいのに、そういう罰則が何もありません。

北海道では、外来種のウチダザリガニが増えて困っていると言っている一方で、そのウチダザリガニの飼育に関しては、許可が出ているという矛盾が起こっています。日本の行政は、すべてにおいて行き当たりばったりです。猟師さんが減って、鹿やイノシシが増えてきたので、駆除をする人を増やしました。そして、何百頭と取れたので、今度は焼却処分にしましょうとなっているわけです。その場しのぎで、先のことは何も考えてないのです。

ブラックバスにしてもそうです。
ブラックバスは一緒にいる魚を食べてしまう生き物です。それを連れてきて放流したら、ブラックバスが増えるのは当たり前です。何か結果が起こらないと、次の行動が考えられないのです。

孔雀も日本人が勝手にペットとして連れてきて、飼いきれなくなって野山に放したために増えてしまい、どうすることもできなくて、今、駆除をしています。全くもって無責任な話です。

環境や生き物について考える時は、目の前にあるものだけではなく、全体を見ることが大切です。

例えば問題になっている外来種のアメリカザリガニも、自然界では、ウナギの餌にもなっているし、鯉の餌にもなっているし、ナマズの餌にもなっているし、いろいろな生き物の餌になっているわけです。

僕は、人間が騒いでいるだけで、自然界の中では、案外うまく回っていることも多いと思うのです。

ブラックバスを放しているところでも、ブラックバスが餓死してしまうぐらいブラックバスの餌になる魚がいなくなったといえば、そうではないわけです。

自然は自然なりに、その置かれた状況で、たくましく回っていっているわけです。

外来種が増えて、前からいた在来種が少なくなったとしても、それなりに共存しています。

そして、人間は食物連鎖のピラミッドで言えば、一番上に立っているのは確実なわけです。

その中で、人間を抜かした中でのトップにいるような生き物を、食べるようになれば、そこの生き物が過剰に増えることはないし、その下も過剰に減ることはありません。うまく回っていくようにできるはずだと、僕は思っています。

例えば、食物連鎖の上のほうにいる狼が、何かの原因でいなくなったとしても、狼がいなくなった森に、鹿があふれかえるかといったら、そんなことはありません。

今、日本にイノシシや鹿がたくさんいるのは、人間がいろいろな場所を開拓し、どんどん彼らが住める場所を狭くしていった結果だからです。

最近では、クマが京都の町を走り回っていたニュースがありましたが、去年はイノシシや鹿が、ずいぶんと里山に下りてきました。それは、森にどんぐりや食べ物が全然ないからです。ですから、食べ物を求めて、食べ物のある里山、つまり人間のところにやってくるのです。

でも、こういう食べ物がないときは、絶対に餓死するものも出てきます。そこで数のバランスがとれるのです。

人間は目先のことや、自分の利益のことしか考えず、勝手に自然界に介入をします。自然界のバランスを崩しているのは、人間です。

長い目で自然界のバランスを考えれば、長期的にはうまく回っていくのです。

本当に食料難？

～駆除して殺処分をしている鹿やイノシシを、食べるようにすればいい

今、世界中で「食糧難」の時代がくると騒がれています。
日本は人口がどんどん減少していますが、世界的には人口が増えています。
でも、僕は、本当に食糧難の時代がくるのか、全く実感がわいていません。本当に食糧難だと騒いでいるのであれば、駆除して殺処分をしている鹿やイノシシを、もっと食べるようにすればいいのでは？　と思っています。

食糧難になるというのは、僕が小さいころから、ずっと言われ続けていたことです。そして、食肉に関しては、「これからはダチョウ」の時代だと、20年に1回ぐらいダチョウブームが訪れます。

ダチョウは育てるコストが牛よりも低く、皮も毛も全部使えて捨てるところがないので、投資の一つとしてもダチョウは人気です。

これからは牛が少なくなると言われていますが、そのニュースさえも、マスコミに踊らされているのではないかなと思います。

はたして、本当に食糧難なのでしょうか。僕は、日本は全然、食糧難ではないと思います。人口も減り、若い人も減り、老人の食べる量は、それほど多くはありません。畑で自給自足をすれば、自分一人分ぐらいは食べていくのに十分な食糧をすぐに採ることができます。

例えば、山から山椒を取ってくれれば、それを調理に使えるわけです。

山椒は、青い実のときが青山椒、殻が割れて種が出る直前のものが赤山椒で、それを乾燥させて粉にします。

僕が始めて山椒の木を見つけたとき、「うわ!」と思って、まずは食べてみました。すさまじく辛いのですが、食べてから少し時間がたつと、さらにすさまじい辛さになります。

山椒の木を見つけたのも、もともとはヤマブドウとサルナシを見つけに行ったときのことです。今年は全然実がなっていなかったので、このまま帰るのも悔しいので、きのこを探している途中に見つけたのです。

じつは日々の食べるものは、自然からもらえる物がすごく多く、採りに行ける時間さえあれば、買う必要がないものばかりです。

しかし普通の人は、そもそもそんな時間もそんな場所も近くにないし、もちろん採る技術もないので、僕のような生活は、なかなかできません。そう思うと、自分は、とても恵まれているなと、日々感じています。

食肉処理場を広める
～駆除されて、無駄に焼却処分をされる命をなくしたい

僕は今、駆除をするために捕まえた動物の肉を無駄にしないために、その肉を使ったペット用のジャーキーを作ろうとしています。

今は、まだ準備の段階で、猟師さんから1頭いくらで購入していますが、2日間乾燥させるのに電気代もかかるし、全然儲けは出ていません。

でも、僕は絶対に、このジャーキーで儲かる日が来ると思っているし、何よりも今、このことが、駆除をされて焼却処分されているイノシシや鹿の肉を救うことになると信じています。現在、駆除されて償却処分されているイノシシや鹿が、神奈川県だけでも年間2000頭いるのです。これは本当にもったいないことです。

これら2000頭の命を、焼却処分しなくて済む日が来ることを目指しています。

本来であれば、ペット用だけなく、人が食べられるものにしたいのですが、人間が食べるものは、許可を得るまでが大変です。保健所の検査規格にあった食肉工場作りから必要になります。

ペット用のジャーキーであれば農林水産省に申請すればいいだけなので、まずはここから始めています。ペット用のジャーキーとは言ってもそのクオリティにはかなりこだわっており、有り難いことに販売すると即完売となっています。

このジャーキーが軌道にのれば、今、焼却処分されている２０００頭も、無駄にならないわけです。

しかも、鹿の場合、駆除をすると1頭７０００円で国が買い取って、焼却処分をしているのです。そのお金には国民の税金が使われています。

駆除のために罠にかけた鹿やイノシシは、お肉にして売った方が、無駄もなくなり、環境にもやさしくなります。

そして、そのためには食肉処理場を増やすことも必要です。

今までは、猟師が撃って、そのまま料理人に売るのが当たり前の時代でした。しかし、最近は厚生労働省の目が厳しくなり、食肉処理場を通さないといけないという法律ができ、そういった肉は「闇ジビエ」と呼ばれるようになりました。

自分で獲ったものを自分で食べたり、人にあげたりするのはいいのですが、販売することはできません。

食肉処理場は、日本ではだいぶ数が増えてきましたが、経営が成り立っているところは、まだ少ないようにも感じています。なぜなら、そこで生産される獣肉のクオリティに差があるからです。

きれいに皮をはいだり、鮮度を保ったりという技術の差によって、どうしてもお客様が感動するようなものを提供できるか否かにも差がでてしまうのです。

最近では、保健所が認めた解体処理カー「ジビエカー」という車も出てきました。これは駆除した動物をその場で解体するための車です。こういった方法が普及すれば、もっと無駄に燃やされる命が減るのではないかと思っています。

天然食材ハンターとしてのこれから
～「獲る」ことから「育てる」ことへ。6次産業化を進めたい

他にも今、力を入れていることがあります。それは「獲る」ことから「育てる」ことへの変換です。

現在、僕は、トリュフを山から採ってきていますが、そうではなくて、トリュフが採れる山を増やそうと考えています。つまり、トリュフの栽培に力を入れるということです。

そのために、2019年の年末には、トリュフの栽培が盛んに行われているハンガリーで、トリュフがどういうふうに栽培されているのか、どんな扱いをしているのかということを、自分の目で見てきました。

他にも、お客さんから「欲しい」と言われる食材を育てようと、畑や果樹園にも挑

戦をしています。

例えば、西洋野菜のアーティチョークや、オーストラリア原産の果物であるフィンガーライムの種を自宅の庭で植えてみていますが、これは今、芽が出てある程度育っているので、2年後には収穫できるはずです。

同じ時期に植えた木いちごも来年には収穫できる予定です。

梅はすでに何度か収穫をし、無農薬の梅として販売をしたり、実は加工をしてジャムやシロップとして販売をしています。加工は、同じ神奈川県のしんわルネッサンスという障がい者の方たちの施設に手伝ってもらっています。

今、農林水産省では6次産業化が提唱されています。

これは、農業や水産業の一次産業が、収穫した農産物や魚介類を原材料として、加工食品を製造したり、販売する第二次産業や、さらには観光農園のようなサービス業である第三次産業まで行うことです。

1+2+3で6ということなのですが、今後は天然食材ハンターとして、「獲る」

ことだけにとどまらず、地域や社会にも恩返しできるよう、仕事の幅を広げていきたいと考えています。

おわりに

この本を最後まで読んでいただき、ありがとうございます。

僕が、今、今後の活動の一つとして行っていきたいと考えているのは、子どもたちと一緒に学べるような活動やイベントの開催です。

僕が子どものころは、祖父をはじめ、一緒に釣りをしていたフジヤグリルのおじさんのような大人たちなど、周囲に、世の中のさまざまなことを教えてくれる大人がたくさんいました。

自分が知っている知識、例えば、「こういう植物は危ない」「こうやったら魚が獲れる」「この植物は、こういうところに生えている」「こういうものも食べれられる」ということを、子どもと一緒に遊びながら伝えられたらいいなと思っています。

そういう活動の中で、「川の中に生えているこの草は抜いちゃったらダメなんだよ。どうして抜いたらダメだかわかる？　そこは魚が卵を産むところだからなんだよ」というふうに、自然や生態系のことについても、伝えていけたらと考えています。

遊びを通じて子どもたちにそういったことを伝えていけば、その子たちが大きくなった時に、もっと自然について考えられる大人になれるのではないかと思います。

僕が周りを見ていると、本当に自然のことについて何も知らない大人が作ったのだなというものがいっぱいあります。

例えば、ウナギなどは典型的な例です。ダムができて、堰がいっぱいできたおかげで、海でウナギが卵を産んでも、稚魚が育ったあとに、海から川へ上がってこられなくなってしまっているのです。

サケも同様です。

人間がきれいに川を整備したがために、今度はサケが川に戻ってこられなくなったので、またお金をかけてサケのための道を作り直しています。

何だかあべこべな話が、日本中、いえ、世界中で起きています。

とはいえ、僕は、別に人類のそういった活動を100％悪だと言っているわけではありません。

自然を壊す人が絶対悪かといったら、そうではないと思います。

別に悪気があって行っているわけではないですし、自分たち人間がより豊かに、より安全に暮らしていけるようにやっているわけです。

ただ、僕が思うのは、そこで人間のことばかりではなく、そこに生きている動物や植物も、いかにして同じように豊かに安全に暮らしていけるかを考える人も必要だということなのです。


もしこの本を読んでくれた人の中に、ちょっとでもそういうことに興味を持ってくれたり、少しでも自然に対しての意識が変わってくれる人がでてきたら、こんなにうれしいことはありません。

２０２０年　５月　　天然食材ハンター　谷田圭太

ミシュランで星を獲得。さらに『世界のベストレストラン50』で注目のレストラン賞を獲得。天然食材ハンターの食材を扱っている創作料理「傳」。

Photo : Shinichiro Fujii & JESTO

傳（でん）

所　在　地　東京都渋谷区神宮前2-3-18 建築家会館JIA館
電話番号　03-6455-5433
ご予約受付　12:00-17:00
定　休　日　日曜日
https://www.jimbochoden.com/

編集・執筆協力
長谷川華

ブックデザイン・DTP
池田香奈子

著者

谷田圭太（たにだ　けいた）

1976年生まれ。神奈川県出身。子どもの頃から昆虫に興味があり、自然に親しむ。調理師としてホテルや中華料理店などの経験を経て、「天然食材ハンター」に。自身が獲ってきた旬の食材を契約しているレストランなどへ提供している。現在は、梅の無農薬栽培やトリュフの栽培に挑戦中。また、小学生を対象とした自然と遊ぶイベントなども主催している。テレビ番組『たけしのニッポンのミカタ！』他にも出演。

https://m.facebook.com/iboseiyoushouro
https://www.facebook.com/tamagotake

予約注文《よやくちゅうもん》、お断《ことわ》りします。
何《なに》が獲《と》れるかは
自然《しぜん》が決《き》める

2020年5月15日〔初版第1刷発行〕

著　　者　谷田圭太
発 行 者　伊藤良則
発 行 所　株式会社春陽堂書店
〒104-0061
東京都中央区銀座3-10-9
KEC銀座ビル9F 902
TEL　03-6264-0855
FAX　03-6264-0856
https://www.shunyodo.co.jp/
印刷・製本　亜細亜印刷株式会社

ISBN978-4-394-88005-9　C0095